雷 婷◎编著

企业危机管理

理论与实务

QIYE WEIJI GUANLI LILUN YU SHIWU

本书得到北方民族大学商学院重点学科建设经费支持；国家民委『西部地区特色农产品营销创新团队』支持。

中国财经出版传媒集团

经济科学出版社

Economic Science Press

图书在版编目（CIP）数据

企业危机管理理论与实务 / 雷婷编著. --北京：
经济科学出版社，2022.12

ISBN 978-7-5218-4404-7

Ⅰ.①企… Ⅱ.①雷… Ⅲ.①企业管理-公共关系学
-研究 Ⅳ.①F272.9

中国版本图书馆CIP数据核字（2022）第241611号

责任编辑：朱明静
责任校对：刘　娅
责任印制：邱　天

企业危机管理理论与实务

雷　婷　编著

经济科学出版社出版、发行　新华书店经销

社址：北京市海淀区阜成路甲 28 号　邮编：100142

总编部电话：010-88191217　发行部电话：010-88191522

网址：www.esp.com.cn

电子邮箱：esp@esp.com.cn

天猫网店：经济科学出版社旗舰店

网址：http://jjkxcbs.tmall.com

固安华明印业有限公司印装

710×1000　16 开　15 印张　260000 字

2023 年 2 月第 1 版　2023 年 2 月第 1 次印刷

ISBN　978-7-5218-4404-7　定价：58.00 元

目　　录

第三篇　企业职能篇

第四篇　网　　络　　篇

基础理论篇

第一章　企业危机及危机管理概述

导入案例

据央视"3·15"晚会报道，近年针对房屋质量问题的投诉居高不下，其中针对开发商推出的精装修房屋的投诉有很多，想象中的精装修房省时又省力，现实中却变成了给人添堵的大麻烦。2018 年 11 月，某房地产开发商业主验房时，发现在蓄水测试后，楼上卫生间蓄水，楼下卫生间"下雨"，有的甚至从灯里漏出来，产生极大的安全隐患。企业作出回应，称施工标准符合国家规范要求，并且组织专家组进行审查检测，得出的结论是该房地产开发商采用的某地××卫浴体系没做防水层。暴雨式的漏水究竟是什么原因引起的？工程师表示是主管道没封好，公司的工程技术人员也承认卫生间的施工存在问题，一是二次排水系统瘫痪，二是堵漏没堵好。

2019 年 3 月，在业主强烈要求下，开发商勉强给出了一个解决方案，在整体卫浴下方安装 7 厘米的不锈钢踢脚线，并在卫生间增加建筑防水层。原来的卫生间漏水问题貌似解决了，然而同年 6 月，一些业主陆续搬进了新居，令业主头疼的新问题又出现了，排污管竟然破裂，排粪水渗出并且有臭味。企业随后回应称，"诚恳接受舆论监督和批评，对于因产品质量给客户带来的困扰与麻烦，我们深表歉意，公司将本着负责任的态度，持续重视和妥善解决产品质量与服务问题"。针对上述问题，公司高度重视，调集技术力量成立专项小组，开展整改与维修。截至 2019 年 6 月 30 日，该问题已经整改完毕。

第一节　企业危机概述

一、危机理论的起源与发展

危机的概念是由凯普兰（G. Caplan，1964）最先提出来的。凯普兰认为，每个人都在不断努力保持一种内心的稳定状态，保持自身与环境的平衡与协调。当重大问题或变化发生使个体感到难以解决、难以把握时，平衡就会打破，内心的紧张不断积蓄，继而出现无所适从甚至思维和行为的紊乱，即进入一种失衡状态，这也就是危机状态。简言之，危机意味着稳态的破坏。危机形成的过程大致分为以下几期：危机前状态、易感期、重整期。

二、危机的定义

什么是危机？目前，对于危机还没有一个非常准确的定义。危机管理研究专家和实践者都基于危机的实例来阐述危机和危机管理的不同方面。

（1）福特斯（Foster, 1980）发现危机有四个显著特征：急需快速作出决策，严重缺乏必要的训练有素的员工，严重缺乏必要的物质资源，严重缺乏时间，并将此作为危机的定义。紧急决策、人员严重缺乏、物质严重缺乏、时间严重缺乏是危机情境的几个基本要点。

（2）罗森塔尔和皮内伯格（Rosenthal & Pijnenburg, 1991）勾勒出更广泛的危机概念："危机是指具有严重威胁、不确定性和有危机感的情境。"

（3）格林（Green, 1992）注意到危机管理的一个特征是"事态已发展到无法控制的程度"。他声称："一旦发生危机，时间因素非常关键，减小损失将是主要任务。"格林认为危机管理的主要任务是尽可能控制事态，在危机事件中将损失控制在一定的范围内，在事态失控后要争取重新控制住。

（4）米托夫和皮尔逊（Mitroff & Pearson, 1993）认为收集、分析和传播信息是危机管理者的直接任务。危机发生的最初几个小时（或危机持续时间很长时的最初几天），管理者应同步采取一系列关键的行动。这些行动包括"甄别事实、深度分析、控制损失、加强沟通"。

以上关于危机与危机管理的阐述基本涵盖了危机的情境和危机管理的基本任务。我们可以将危机定义为危及企业形象和生存的突发性、灾难性的事故或事件，这些事故或事件将给企业和公众带来极大的损失，严重破坏企业形象，甚至会使企业陷入困境，难以生存。它的特点是：突发性、严重危害性和舆论的关注性。

三、危机的类型

1. 人力资源危机

企业最经常面临的，对企业造成严重影响的首要危机，是人力资源危机。企业中高层管理人员的意外离职，有时会给企业带来非常直接和巨大的损失，因为他们熟悉本企业的运作模式、拥有较为固定的客户群，而且离职后只要不改换行业，投奔的往往是原企业的竞争对手，势必会给原企业的经营和发展带来较大的冲击。近几年，中国企业内部高级职业经理人集体叛逃事件层出不穷。中高级职业经理人是企业的骨架，一旦成批流失，势必会给企业带来伤筋动骨之痛。频繁的中高级职业经理人集体叛逃，暴露了原企业的管理问题，反映了同行业竞争的激烈。

2. 产品／服务危机

产品和服务是企业的灵魂，当企业出现产品／服务危机时，如果处理不当，往往还会引发媒体危机、客户危机，以及经济抵制、索赔、诉讼等诸多连锁性危机。而当危机来临时，企业如果处理得当，则有助于企业技术创新、知名度和美誉度的进一步提升。当危机来临时，企业如果选择不采取措施和持观望态度，往往会使企业"兵败如山倒"，产生很大的公关问题。企业与客户之间的关系既是共同市场的合作者，也是局部利益的竞争者，甚至是投诉与诋毁并存的，因此它们是一种动态的、多元的关系。当企业与客户产生纠纷时，不外乎三种责任形式：企业责任、客户责任、双方责任。如果是企业责任，企业必须无条件退让，以便息事宁人；如果是客户责任和双方责任，企业需要巧妙让步。

3. 领导危机

如同产品有生命周期一样，企业领导人也有领导力的生命周期。企业领袖带领企业在市场中角逐成长，继而成熟，随之而来的便是一个衰退的过程。企业发展到一定程度，领导者个人的能力、精力、知识结构出现不适应时，就需要吐故纳新，将接班人计划纳入体系中来。而正是这个交替的过程，如果处理不好，企业将会出现混乱，影响企业走出困境获得再一次的发展，危机也就在这个时候光临企业。但是企业的接班人往往被管理层有意无意地忽视。

4. 财务危机

市场竞争是一出现代游戏，游戏有游戏的规则，动态的市场会导致一连串的连锁反应。民营企业经历资本原始积累的疯狂，大多具有或长或短的遗留问题。出现危机，往往会引起企业的重大问题。企业要学会及时转身，要擅长应对危机问题，要懂得并舍得为社会创造价值并以公益等形式回报社会。

5. 安全事故与公关危机

安全属于人的基本需求，是必须确保的需求。如果企业不小心触碰到了这条"高压线"，会引发公众的舆论、政府的全面介入，企业会陷入四面楚歌的境地。安全事故主要有两类：一是企业安全事故，二是企业产品安全事故，一定要想办法避免。例如，某航空公司空难事故发生后，媒体竞相报道，民航行政主管部门全面介入，旅客出行时拒绝选择该航空公司。该公司的生意萧条，业务锐减，因此，企业需要有危机应变以及管理能力。而扎实的应变和管理能力则有待于日常的管理和培训才能获取。

四、企业危机的特点

对于企业而言，危机通常具有以下六大特点。

1. 突发性

危机爆发的具体时间、实际规模、具体态势和影响深度，是始料未及的。

2. 聚焦性

进入信息时代后，企业危机的信息传播比危机本身发展要快得多。媒体报道对危机来说，就像大火借了东风一样。

3. 破坏性

由于危机常具有"出其不意，攻其不备"的特点，无论什么性质和规模的危机，都必然不同程度地给企业造成破坏，带来混乱和恐慌，而且由于决策的时间以及信息有限，往往会导致决策失误，从而带来无可估量的损失。

4. 紧迫性

对企业来说，危机一旦爆发，其破坏性的能量就会迅速释放，并呈快速蔓延之势，如果不能及时控制，危机会急剧恶化，使企业遭受更大损失。

5. 信息资源紧缺性

危机往往突然降临，决策者必须作出快速决策，在时间有限的条件下，混乱和惊恐的心理使得获取相关信息的渠道出现"瓶颈"，决策者很难在众多的信息中发现准确的信息。

6. 不确定性

事件爆发前的征兆一般不是很明显，企业难以作出预测。危机出现与否以及出现的时机是无法完全确定的。

五、企业危机的生命周期

1. 潜伏期

大多危机都有一个从量变到质变的过程。潜伏期是导致危机发生的各种诱因逐渐积累的过程。这时，危机并没有真正发生，但却表现出一些征兆，预示着危机即将来临。在危机爆发之前，如果能及时发现危机的各种征兆，并提前采取措施将危机遏制在萌芽状态，则可以收到事半功倍的效果，避免可能造成的危害。

2. 爆发期

当各种诱因积累到一定的程度，就会导致危机的爆发。此时，企业正常的运转秩序受到破坏，企业形象受损，企业的根本利益受到威胁。企业的生存与发展面临着严峻的考验，企业管理层将经受来自各方面利益相关者的巨大压力。在危机爆发之后，如果不立即处理，危机将可能进一步升级，影响范围和影响强度有可能进一步扩大。

3. 持续期

在这一时期，企业着手对危机进行处理，包括开展危机调查、进行危机决策、控制危机危害范围与程度、实施危机沟通、开展各种恢复性工作等。持续期是组织强烈震荡的时期，涉及资源调配、人员调整、机构改组等。在这一时期，企业危机处理的决策水平和决策速度至关重要。

4. 解决期

在解决期，危机事态已经得到控制，危机爆发后所引发的各种显性问题基本得到解决，危机风暴已经过去，组织管理层所承受的压力减弱。此时，企业要谨防就事论事，要善于通过危机的现象，寻找危机发生的本质原因，并提出有针对性的改进措施，防止危机可能引起的各种后遗症和危机卷土重来。

上述危机的四个发展阶段是危机生命周期的一般状态，但并不是所有危机的必经阶段。有些危机的爆发可能没有任何征兆，或者危机征兆的持续时间极短，跳过了潜伏期；有些危机在潜伏期就被企业组织所觉察并迅速采取了相应的措施，危机被遏制在萌芽状态，不再进入爆发期；有些危机没有得到妥善解决，可能导致企业的破产、倒闭，因此没有解决期。要具体问题具体分析。

第二节　危机管理概述

一、危机管理的含义

危机管理是指企业组织或个人通过危机监测、危机预警、危机决策和危机处理，达到避免、减少危机产生的危害，甚至将危机转化为机会的管理活动。

危机管理的本质是危机管理需要一个既权威又民主的决策程序，在此环境中激发出一个富有弹性但又极具力度的决定。在危机发生时，能否临危不乱保持冷静的头脑，是衡量企业领导人素质的一条重要标准。企业领导人的执行力是对其下属工作的最好担保，而这种执行力源自平时的准备。

二、危机管理的目的

危机之后，企业经常暴露出很多问题。而危机管理则是很好的弥补手段，企业可以清楚地看到企业经营管理中存在的不足之处，也可以使企业更加全面、真实地了解自身的现状及管理的缺失。危机管理的目的是通过合理、有效的预警预防、处理和决定，避免或减少危机相关损害，甚至转危为机。开展危机管理的好处不言而喻，有利于企业综合实力的提升，具体体现在以下四个方面。

1. 企业危机管理是其内部管理体系改进完善的必由之路

企业危机管理是整个企业管理的重要构成，企业危机管理机制的完善程度直接反映企业管理机制的完善程度。在企业危机管理过程中，从危机事前期直至危机事后期，整个阶段都离不开通过一系列举措对企业研发、生产、销售、采购、市场、服务、财务及人力等各部门进行各个层面的分析、诊断和状况评估，正是这些可以让我们清楚地发现企业管理体系存在的缺陷和漏洞，而后有针对性地加以改进，不断促进企业危机管理机制的完善与发展。

2. 企业危机管理有利于企业进行创新与变革

企业危机管理可以培养科技创新意识和增强企业的变革意识，促进企业经营效益和效率的提升。通过企业危机管理，可以更好地了解企业当前的实际状况，领导者可以有针对性地适时对企业发展战略作出相应调整，有利于企业持续长久发展。

3. 企业危机管理有利于提升企业核心竞争力

通过加强危机管理可使企业转危为安，保持企业当前的竞争实力。危机可以被看作危险的可能性，涉及风险和机遇。加强危机管理，可以使企业找到新的发展机遇和新的操作空间，以培育新的企业竞争力。危机期间，知名企业可以更好地展示自己的综合实力和综合素质。面对危机，它们可以采取及时有效的措施来确保这一进程，抓住机遇，扩大声誉和影响力。

前沿案例：某食品企业被曝销售核污染产品。央视"3·15"晚会上曝光了关于日本"核污染区"食品悄然流入中国市场的消息，某食品企业被点名。超市所售卖的该食品企业生产的无咖啡因香茅薏仁茶和鸡蛋圆松饼因产品包装上标有日本某地的字样，所以被认为是来自"核污染区"的食品。3月17日上午，该食品企业在其官网、微博、微信发布声明称，食品包装袋上标注的带有日本某地字样的地址为该企业母公司的法定注册地址，并非所售进口食品的产地；同时贴出《对中国出口产品原产地证明书》。该企业快速用证据证明了清白，有理有据，赢得不少网友纷纷点赞。

4. 企业危机管理决定了战略管理水平的高低或成败

企业战略管理是指企业在一定时期的全局的、长远的发展方向、目标、任务和政策，以及为调配资源作出的决策和管理。企业经营者特别注意研究不断变化的经营环境，把握企业的发展方向与目标，选择进入合适的经营或产品市场等领域。一般企业环境管理者的研究倾向于把重点放在正常情况下的环境构成上，忽视环境因素处于异常的状态，缺乏企业战略管理意识，无法经受各种危机的冲击，在危急的情况下溃不成军，还有的只是把危机管理看作一段很短时间内的偶然行为，在危机处理的实践中，怀着避免和防止接触的心理状态，其结果也是可想而知。所以，要加强危机管理意识，完善危机管理技能，在实施危机管理的过程中，企业可以深入进行战略分析、战略定位和更加准确地实施发展战略并掌握更多的信息。

三、危机管理的特性

1. 阶段性

企业面临的危机包含了灾难、意外的发生，或是与产品相关的失败等。若没有完整的危机管理计划，一旦发生危机，将对企业造成莫大的伤害。很多企业危机在浮上台面之前，几乎都有些许的征兆出现，让企业经营者有迹可循。危机的爆发一般都会表现出阶段性的发展。

2. 不确定性

危机出现与否和出现的时机是无法完全掌控的。所以，管理阶层提升应变水平与组织平日的危机处理计划与演练，能够降低危机的不确定性给企业所带来的影响，能够协助企业内其他人员积极面对危机的出现。

3. 时间的急迫性

危机往往突然降临，决策者必须作出快速处置的措施与响应，在时间有限的条件下，如何获取所有相关的信息，作出准确的决策以遏止危机的扩大，是企业管理者必须注意的要项。例如，1967 年美国阿波罗宇宙飞船失火，造成 3 名航天员罹难；1986 年"挑战者号"宇宙飞船爆炸，事情发生得极为突然。美国国家航空航天局（NASA）一时之间还不清楚到底是什么错误导致了意外的发生，但各大传媒以及社会大众对于这些意外事件的关注，使得 NASA 必须立即开展事件调查并进行对外说明。

4. 双面效果性

危机不见得必然会危害企业的生存。危机发生后，应视其负面影响效力大小选择如何去面对危机、处理危机。处理不当就会使企业受到不利影响甚至因此被市场淘汰。反之，危机处理得宜将会为企业带来一个新的契机及转机，甚至能够大幅提升企业员工的士气。

四、危机管理的原则

1. 预防第一原则

"凡事预则立，不预则废"，企业的危机管理应该从事前做起，在机制上避免危机的发生，在危机的诱因还没有演变成危机之前就将其平息——使用少量的金钱预防，而不是花大量的金钱治疗。

2. 公众利益至上原则

在危机处理过程中，应将公众的利益置于首位，以企业长远发展为危机管理的出发点。要想取得长远利益，公司在处理危机时就应更多地关注各利益相关者的利益，而不是公司的短期利益。

经典案例： 几年前，许多业主入住某楼盘后，发现屋子里有一股尿骚味，开发商经过仔细调查，发现是由于冬季施工的时候水泥里放了一种添加剂，它在夏天的时候会释放出氨气，从而使整个房间充满刺鼻的味道。100多名业主集体要求开发商给予一个妥善的解决方案。媒体迅速曝光了此事。开发商立即发表公开声明，解释缘由，愿无条件退房，并双倍返还同期银行利率，同时向业主写信诚恳道歉。反应之快，姿态之高，赢得了舆论的好感，最终平息了众怒。经此一事，该楼盘名声大噪，开发商的"连本带息无理由退房"的做法在社会上引起了很大的轰动，一拨又一拨的客户涌向该楼盘。一场原本重大的销售危机就这样转变成了机会。

3. 主动面对原则

危机发生之后，无论危机的责任在何方，企业都应主动承担一定的责任。即使受害者对于危机的爆发负有一定的责任，企业也不应急于追究，否则容易加深矛盾，不利于问题的解决。在情况尚未查明、公众反应强烈之时，企业可以采取高姿态，宣布如果责任在于自己，一定负责赔偿，以尽快消除危机的影响。

4. 快速反应原则

"好事不出门，坏事传千里。"在危机出现的12~24小时内，消息会像病毒一样，以裂变的方式高速传播。而这时候，可靠的消息往往不多，充斥着谣言和猜测。媒体、公众及政府都密切注视着企业发出的第一份声明。对于企业在处理危机方面的做法和立场，舆论赞成与否往往都会立刻见诸传媒报道。企业必须当机立断，快速反应，果决行动，与媒体和公众进行沟通，从而迅速控制事态，否则会扩大突发危机的范围，甚至可能失去对全局的控制。

5. 真诚沟通原则

当危机发生之后，大众媒体和社会公众最不能容忍的事情并非危机本身，而是千方百计隐瞒事实真相或故意说谎。企业应尽快与大众媒体取得联系，公布事实真相，促使双方互相理解，消除疑虑与不安。

6. 权威证实原则

在危机发生后，企业不要忙于叫冤，而要曲线救国，请重量级的第三者在前台说话，使消费者解除对自己的警戒心理，重获他们的信任。

第三节　企业危机及企业危机管理

一、企业生命周期与企业危机

（一）企业初创期的危机

（1）企业对市场潜在需求判断失误，就可能造成战略制定不当，战略目标制定得过于激进或保守，可能导致战略危机。

（2）在过高估计市场需求潜力的情况下，自主开发或外部引进的新技术和新产品必然缺乏有效的市场基础，引发技术创新危机。

（3）由于产品质量不稳定，很可能形成危及消费者重大利益的生产危机。

（4）一旦融资出现障碍，致使资金链条断裂，很可能形成财务危机。

（5）如果主要创业者们意见不一致，导致关键人才流失，造成企业的竞争力明显下降，就会引发人力资源危机。

在导入期末期，即企业成立的2~3年时是企业发展的重大转折点，如果企业能顺利通过这一"瓶颈"，就会进入成长期。否则，企业很可能夭折，被迫退出市场。

（二）企业成长期的危机

（1）一些企业由于战略目标出现偏差，陷入战略陷阱而使竞争力下降。尤其是当企业发展较为顺利时，容易造成高层决策者头脑发热，好大喜功，使企业战线拉得过长，摊子铺得过大。

（2）与战略上追求盲目扩张相适应，营销策略的选择也可能过于冒进，造成营销成本高企，引发营销危机。

（3）战略上扩张过快，营销成本居高不下，很容易造成企业的资金流发生断裂，引发财务危机。

在成长期末期，产业逐渐成熟，市场竞争日益激烈，企业任何一个方面的失误，都可能带来不可估量的损失，危机发生的概率大大增加。一些曾经被市场奉为经典的企业，往往就是在这一阶段由于种种原因而败走麦城。

（三）企业成熟期的危机

在成熟期，企业容易遭遇战略危机、营销危机、技术创新危机、组织危机。

在企业战略方面，并购战略不仅能有效提高企业的市场占有率，而且能减少竞争对手的数量，使产业组织结构朝着有利于本企业的方向发展。

在营销策略上，采取低价渗透策略，加强促销活动和售后服务，有助于巩固企业的市场占有率，避免衰退期的过早到来。

在技术创新上，要提前储备新技术、开发新产品。

在组织管理上，不要固守原有的组织结构，否则会使组织形式严重不适应新的竞争形势的需要。在市场竞争中反应迟缓，面临巨大的组织危机。

（四）企业衰退期的危机

在衰退期，由于新的竞争对手不断涌现，出现了众多全新的替代产品或替代技术，企业原有的产品竞争力下降。

在这一阶段，企业最可能遇到的危机是战略转型不及时，固守已经过时的产品和技术，导致市场极度萎缩。同时，企业还要提防核心技术人才和优秀管理人员的流失。

策略：进行重新定位、开展企业重组、实施企业蜕变是延续企业竞争力的根本措施。

二、企业危机管理的模式

（一）希斯的 4R 危机管理理论

4R 危机管理理论由美国危机管理大师罗伯特·希斯（2004）在《危机管理》一书中率先提出，即由缩减力（reduction）、预备力（readiness）、反应力（response）、恢复力（recovery）四个阶段组成。

企业管理者需要主动将工作任务按 4R 模式划分为四类——减少危机情境的攻击力和影响力，使企业做好处理危机情况的准备，尽力应对已发生的危机，以及从中恢复。

（二）希斯 4R 危机管理理论的内容

1. 缩减力

危机缩减管理是危机管理的核心内容。对于任何有效的企业而言，危机缩减管理是其核心内容。因为降低风险，避免浪费时间的资源管理，可以大大缩减危机的发生及冲击力。就缩减危机而制定的管理策略，主要从环境、结构、系统和人员几个方面去着手。

（1）环境。准备就绪状态意味着人们都要做好应对危机的预备工作，因而缩减危机策略能够建立和保证与环境相适宜的报警信号，这些策略也可能会重视对环境管理的改进。

（2）结构。缩减危机的策略包括保证物归原处，保证人员会操作一些设备。在某些时候，还要根据环境需要进行改进。同时，也要保证设备的标签无误，说明书正确易读易懂。

（3）系统。在保证系统位置正确或者有所富余的情况下，管理者能够运用缩减危机策略确定哪些防险系统可能失效，并相应修正和强化。

（4）人员。当反应和恢复的人员能力强，能够有效控制局面的时候，人员就成为降低风险发生概率和缩减其冲击的一个关键因素。这些能力是通过有效的培训和演习得到的。这些培训可以提高人的预见性，让人们熟悉各种危机情况，提高他们有效解决问题的技能。缩减策略还包括建设性地听取汇报，根据这些汇报决定如何改进反应和恢复措施，甚至找到消除或者降低危机之道。

通过以上分析，我们能够找到贯穿于危机管理的一条主线，即好的管理，尤其是有效的管理，而这种管理是从组织产生时开始的。好的管理包括评估企业面临的危机及其可能造成的冲击，这需要：第一，危机缩减管理要内置于环境、结构、系统和人员中，与其浑然一体；第二，一旦环境、结构、系统、人员这个不断更新和变化的整体存在，危机缩减就应该成为其不可分割的一部分；第三，危机管理和缩减要成为组织的核心作业。

将以上这些管理活动作为组织持续运转和管理的一部分，有利于组织降低风险和威胁，降低危机冲击所致的成本，并提高永续经营的概率。

危机缩减管理是许多企业没有重视的工作，却能够极大地减少危机的成本与损失。它包括企业对内部管理和外部环境进行检查，一旦发现某一方面存在风险，就采取有效的措施对其进行管理。同时，企业也要努力提高领导和员工的素质，使企业中的每个成员都具有危机缩减管理的意识，使企业即使面对危机，也能把它压制在最小范围内。

2. 预备力

预警和监视系统在危机管理中是一个整体。它们监视一个特定的环境，从而对每个细节的不良变化都会有所反应，并向其他系统或者负责人发出信号。

预警系统的功能有：危机始发时能更快反应（注意到不良变化并传递出去）；保护人和财产（如通过发布撤离信号和开通收容系统）；激活积极反应系统（如抑制系统）。

完善的预警系统可以很直观地评估和模拟出事故可能造成的灾难，以警示相关者作出快速和必要的反应，继而运用各种技能和资源来降低此类危机发生的概率。

预警系统能够从两个不同的角度进行分类。系统可以分为动态系统或静态系统、移动系统或固定系统，也可以是包含以上四类因素的一个集合系统。

对于预警的接受和反应是因人而异的，这主要取决于每个人的经验和信念以及预警中的内容变化程度，主要参考因素包括信息的清晰度、连贯性、权威性，以及过去预警的权威性、危机或灾难发生的频率。当接受者发现信息清楚明了，多个来源支撑该信息、多次重复、来源可靠时，他们会反应比较快，否则可能会忽视预警或者处于等待和进一步观望状态，这样就有可能失去选择或者执行反应的最佳时机。

危机管理经验也告诉我们，被预警的受众人群中，有20%的人会作出与预警相悖的选择和反应。这样做的原因包括：表示未接受到预警；喜欢自己亲自证实消息；害怕结果；其他原因。

对于这些人，管理者要采取特别的措施对他们加以控制，并预备一些潜在和必要的施救方案来解决实际危机。

预备管理主要是进行危机的防范工作，企业可挑选各方面的专家，组成危机管理团队，制定措施进行日常的危机管理工作。同时，为了能清楚地了解危机爆发前的征兆，企业需要一套完整而有效的应对计划。通过训练和演习，可使每个员工都掌握一定的危机处理方法，使企业在面对危机时可以从容应对。

3. 反应力

反应力强调在危机已经来临的时候，企业应该作出什么样的反应以策略性地解决危机，危机反应管理所涵盖的范围极为广泛，如危机的沟通、媒体管理、决策的制定、与利益相关者进行沟通等，都属于危机反应管理的范畴。

在反应力这个层面，企业首先要解决的是如何能够获得更多的时间以应对危机；其次是如何能够更多地获得全面真实的信息以便了解危机波及的程度，为危机的顺畅解决提供依据；最后是在危机来临之后，如何降低损失，以最小的损失将危机消除。

这是企业应对危机时的管理策略，一般可以分为四个步骤：确认危机、隔离危机、处理危机、总结危机。在处理危机时，合理地运用沟通管理、媒体管理、企业形象管理等方法可以收到事半功倍的效果。

4. 恢复力

恢复力涉及两个方面，一是危机发生并得到控制后着手后续形象恢复和提升；二是在危机管理结束后的总结阶段，为今后的危机管理提供经验和支持，避免重蹈历史覆辙。

　　危机一旦被控制，迅速挽回危机所造成的损失就上升为危机管理的首要工作了，在进行恢复工作前，企业先要对危机产生的影响和后果进行分析，然后制定出有针对性的恢复计划，使企业能尽快摆脱危机的阴影，恢复以往的运营状态。同时，企业要抓住危机带来的机遇进行必要的探索，找到能使企业反弹得比危机前更好的方法。

　　有效的危机管理是对4R模式所有方面的整合，其中，缩减管理贯穿于危机管理的整个过程。在预备模块中，运用缩减管理的风险评估法可以确定哪些预警系统可能会失效，就可以及时地予以修正或加强。在反应模块中，缩减管理可以帮助管理者识别危机的根源，找到有利于应对危机的方法。在恢复模块中，缩减管理可以对恢复计划在执行时可能产生的风险进行评估，从而使恢复工作产生更大的反弹效果。

　　经典案例： 从2004年1月开始，禽流感在亚洲部分地区肆虐，以经营炸鸡和鸡肉汉堡为主的某餐饮连锁企业生意一落千丈。该连锁企业危机处理小组迅速启动，着手对禽流感危机进行处理，危机处理小组汇集了《有关禽流感问题的媒介解释》等三份文件，在第一时间提供给媒体。

　　2月5日该餐饮连锁企业在北京召开新闻发布会，邀请北京市商务局饮食管理部门领导、中国农业大学营养专家和畜牧业专家到该店做示范性品尝。

　　2月20日该餐饮连锁企业宣布在北京、上海、广州、深圳、杭州、苏州、无锡7个市场同时推出一款非鸡肉类产品"照烧猪排堡"。该企业制定了一系列完善的检疫措施，供应商的每一批供货都要求出具由当地动物检疫部门签发的《出县境动物产品检疫合格证明》和《动物及动物产品运载工具消毒证明》，并证明所有的供货来自"非疫区，无禽流"。

　　点评： 从案例可以看出，该企业主要分别从产品、供应商、公众、危机预警等多方面进行危机处理，从而保证了企业在非常时期的运营正常。当禽流感刚出现时，企业的危机处理小组就开始启动，并在第一时间把三份文件提供给媒体，使公众可以清楚地了解整个事件，压缩了流言产生的空间。其危机预警能力可见一斑。面对危机，该企业通过官方的文件证明，消除公众的疑问，起到了积极的正面宣传和带动作用。在危机产生后，必要的细节信息透明化是很重要的，为此企业专门召开新闻发布会并通过其他权威机构向公众证明食用鸡煮过的鸡肉是绝对安全的。在产品方面，该企业及时推出替代的产品。在供货商方面除了加强产品质量和安全控制之外，也出台了转换预案。

该企业在禽流感中表现可圈可点，对于所有的利益相关者都采取了比较充分的应对措施，保证了在中国业务不受影响。企业在面对突如其来的"禽流感危机"时，能够如此迅速、有效地化解危机，应该得益于其长期坚持不懈地进行危机预防管理措施。该企业公共事务部总监在公开场合对媒体表示："长久的营运系统必须考虑危机出现时的情况，并体现在日常操作的基本要求之中。我们在对新员工进行培训时，给他们上的第一课就是，对于我们来说顾客永远是我们的第一原则。"平时，该企业对供货商执行严格的星级评估系统起到了重要作用。每3个月到半年，对供货商从质量、技术、财务、可靠性、沟通五个方面进行全面定期评估，并进行贯穿全年的随机抽查，由公司技术部与采购部合作，以100分制对供货商制进行评定，其分数将直接决定供货商们在下一年度业务量的份额。

该企业的危机管理在预备力、缩减力、反应力和恢复力方面表现得都非常出色，展现了一家成熟企业在危机管理过程中的成功之处。

（三）奥古斯汀（Augustine）的危机管理六阶段理论

在商业活动中，危机就像普通的感冒病毒一样，种类繁多，防不胜防。每一次危机既包含了导致失败的根源，又蕴藏着成功的种子。发现、培育，进而收获潜在的成功机会，就是危机管理的精髓；而错误地估计形势，并令事态进一步恶化，则是不良危机管理的典型特征。奥古斯汀将危机管理分为六个阶段。

1. 第一阶段：危机的避免

将危机预防作为危机管理的第一阶段并不奇怪，令人奇怪的是许多人往往忽视了这一既简便又经济的办法。

要预防危机，首先要将所有可能会对商业活动造成麻烦的事件一一列举出来，考虑其可能的后果，并且估计预防所需的花费。这样做可能很费事，因为公司内数以千计的雇员中的任何一人，都可能因为失误或疏忽将整个公司拖入危机，但预防危机意义重大。

其次，谨慎和保密对于防范某些商业危机至关重要，例如由于在敏感的谈判中泄密而引起的危机。1993 年马丁—玛丽埃塔公司与通用电气宇航公司（General Electric Aerospace）经过多轮磋商终于达成了 30 亿美元的收购案，这一秘密消息在高度紧张的日子中被保持了 27 天，结果却在预定宣布前两小时泄露给了媒体，给公司带来麻烦。要想保守秘密，就必须尽量使接触到它的人减到最少，并且只限于那些完全可以信赖且行事谨慎的人；应当要求每一位参与者都签署一份保密协议；要尽可能快地完成谈判。

最后，在谈判过程中尽可能多地加入一些不确定因素（工程师们称之为"噪声"），这会使窃密者真假难辨。即使做了这些，也应当有所准备，因为任何秘密都可能会泄露。

2. 第二阶段：危机管理的准备

大多数管理者考虑的都是当前的市场压力，很少会有精力考虑将来可能发生的危机。这就引出了危机管理的第二阶段：未雨绸缪。

危机就像死亡和纳税一样是管理工作中不可避免的，所以必须为危机做好准备，如行动计划、通信计划、消防演练及建立重要关系等。大多数航空公司都有准备就绪的危机处理队伍，还有专用的无线电通信设备以及详细的应急方案。现在，几乎所有的公司都有备用的计算机系统，以防自然或其他灾害打乱其首要系统。

另外，在为危机做准备时，留心那些细微的地方，即所谓的第二层问题，将是非常有益的。危机的影响是多方面的，忽略它们任一方面的代价都将是高昂的。例如，在 1992 年美国发生安德鲁飓风灾难后，电话公司发现，它们在南加利福尼亚州短缺的不是电线杆、电线或开关，而是日间托儿中心。许多电话公司的野外工作人员都有孩子，需要日间托儿服务。当飓风将托儿中心摧毁之后，必须有人在家照看孩子，这就导致在最需要的时候工作人员反而减少了。这一问题最终是通过招募一些退休人员开办临时托儿中心，从而将父母们解脱出来，投入电话网络的恢复工作中去而得以解决的。

3. 第三阶段：危机的确认

这个阶段危机管理的问题，是公众的感觉往往是引起危机的根源。这个阶段的危机管理通常是最富有挑战性的。经验告诉我们，在寻找危机发生的信息时，管理人员最好听听公司中各种人员的看法，并与自己的看法相互印证。

4. 第四阶段：危机的控制

这个阶段的危机管理，需要根据不同情况确定工作的优先次序。

首先，让一群职员专职从事危机的控制工作，让其他人继续公司的正常经营工作，是一种非常明智的做法。也就是说，在首席执行官领导的危机管理小组与一位胜任的高级经营人员领导的经营管理小组之间，应当建立一道"防火墙"。

其次，应当指定一人作为公司的发言人，所有面向公众的发言都由他主讲。这个教训源自另一个法则：如果有足够多的管理层相互重叠，那就肯定会发生灾难。

再次，及时向公司自己的组织成员，包括客户、供应商以及所在的社区通报信息，而不要让他们从公众媒体上得到有关公司的消息。管理层即使在面临着必须对新闻记者作出反应的巨大压力时，也不能忽视这些对公司消息特别关心的人群。事实上人们感兴趣的往往并不是事情本身，而是管理层对事情的态度。

最后，危机管理小组中应当有一位唱反调的人，这个人必须是一个在任何情况下都敢于明确地说出自己意见的人。

总之，要想取得长远利益，公司在控制危机时就应更多地关注消费者的利益，而不仅仅是公司的短期利益。

5. 第五阶段：危机的解决

在这个阶段，速度是关键。危机不等人。某年，美国一家名为雄狮食品（Food Lion）的连锁超市突然间受到公众瞩目，原因是美国某电视台的直播节目指控它出售变质肉制品，结果导致公司股价暴跌。但是，雄狮食品公司迅速采取行动，他们邀请公众参观店堂，在肉制品制作区竖起玻璃墙供公众监督，改善照明条件，给工人换新制服，增加员工的培训，并大幅度打折，通过这些措施将客户重新吸引回来。最终，食品与药品管理局对它的检测结果是"优秀"。此后，销售额很快恢复到正常水平。

与这一案例相似，当手机产生的电磁辐射会引起脑瘤的说法出现时，手机制造商们迅速请独立专家直接向公众解释实际情况，公众的担心很快就消除了。

6. 第六阶段：从危机中获利

危机管理的最后一个阶段其实就是总结经验教训。如果一个公司在危机管理的前五个阶段处理得完美无缺（也就是说，没有莫名其妙地将危机搞得更糟）的话，第六个阶段就可以提供一个至少能弥补部分损失和纠正混乱的机会。

将危机成功化解的经典案例，是美国强生公司对"泰诺"事件的处理。当被氰化物污染的"泰诺"胶囊引发一系列死亡事件后，当时的首席执行官认为必须采取强有力的措施，来保证公众的安全和恢复公司最畅销产品的信誉。通过整页的广告和电视宣传，公司将3100万颗胶囊从美国各商店的货架上和家庭药柜中全部收回，然后重新设计了包装，并在三个月内将市场占有率恢复到危机前的95%。这个奇迹的取得当然不是没有代价的，但与不这样做而引起名誉受损，再去恢复名誉所要付出的代价相比，就显得微不足道了。从商业角度看，"泰诺"危机的结果是强生公司再一次证明了它对其客户的关心以及它对道德标准的坚持。虽然这是一场悲剧，但悲剧过后，公司的声誉却明显得到了提高。

三、企业危机管理策略

危机的发生与发展一般经历事前、事中和事后三个阶段。而危机管理的本质是针对危机的三个阶段制定并实施相应的策略。显然，策略的合理与否直接关系到危机管理的成败。合理的危机管理策略包括事前策略——预警系统、事中策略——处理系统和事后策略——恢复系统。

1. 事前策略——预警系统

遭遇危机是任何企业都无法避免的，与其在危机发生之后被动地应对，不如未雨绸缪，防患于未然。预警系统是企业为了发现潜在的、将要来临的危机而建立的捕捉危机信号并判断其与危机之间关系的系统。该系统通过监测危机源及危机征兆，在危机来临前向企业发出警报，以提醒企业采取必要的行动。

预警系统是危机管理中的首要阶段，也是很重要的阶段。在危机管理三策略当中，预警系统成本最为低廉，但起到的作用往往是巨大的。该系统由信息收集、信息加工、决策及警报四个子系统组成。预警系统工作流程大致是：信息收集—信息分析或转化—信息比较—决策是否发出警报—发出警报。

对于企业管理者而言，企业全员树立危机防范意识非常必要。在企业里，上至企业领导，下至普通员工，只有牢牢树立企业危机意识，才能真正避免危机的来临，即便危机无法避免，由于准备得非常充分，也能力挽狂澜，将企业损失降低至最低程度。企业全员全面的、超前的、无形的危机意识才是危机防范的最坚固防线。

2. 事中策略——处理系统

当预防防线被冲破，危机爆发时，企业必须立刻行动起来扭转被动局面。企业要迅速过滤信号，把握关键，确认危机根源及种类，在清楚公众反应的基础上合理地与媒体进行沟通，做到对症下药。企业管理者分派管理人员主动出击，控制危机事态发展，弱化危机破坏力，促使危机得到解决。

企业危机管理者可以从以下几个方面应对爆发的危机。（1）态度积极，以诚相待。当企业危机发生时，公众对企业的关注度空前高涨，此时的企业唯有尽快调查真相，弄清事实并把完整的实情公布于众，才能避免各种无端的猜疑。无数事实证明，当危机发生时，公众和媒体最不能容忍的是企业千方百计隐瞒真相、公布虚假信息，而对于事件本身反而并不特别关注，甚至是不在意。（2）快速反应，立刻行动。企业遭遇突发危机，危机管理者和企业全体员工必须在最短的时间内作出回应，调集危机处理小组，全权负责有关事务的处理，切忌拖延和回避。只有这样才能最大限度地控制危机的蔓延和扩大，减少危机对企业形象的损害。（3）媒体沟通与管理。在企业危机事件中，特别是事件发生的初期，公众舆论往往呈现出"一边倒"的状态，在不明真相的情况下公众更倾向于接收和传播对企业不利的信息。此时，企业应积极与媒体取得联系，利用新闻媒体这个平台，发布真相，促使流言与误解销声匿迹。同时，企业要迎合公众心理和情感的需求，站在消费者的立场上对受害者表示同情和安慰，体现出企业解决问题的诚意。合理的媒体沟通、成功的媒体管理能够有效弱化危机对企业造成的、暴露在公众和媒体面前的消极印象，从而排除各种不利干扰，有效抑制销售下滑。

3.事后策略——恢复系统

企业危机经过前两个阶段最终得到解决，但管理过程并没有因此而结束。众所周知，危机管理的精髓所在是"化危机为生机"，发现并收获包含在危机中的潜在的成功机会。当企业的危机事件得到解决的时候，企业危机管理者要从以下三个方面开展善后工作。

首先，采取有效措施，消除危机给受害者人身、心理及企业财产造成的不良后果和消极影响；其次，应在最短的时间内恢复企业的正常生产、经营与管理活动；最后，拿出维护消费者利益的实际行动，主动修复和发展企业与消费者之间良好的信任关系，恢复并提高企业及企业产品的信誉度。

此外，企业危机的发生必然暴露出平时未发现的问题，这些问题有的是偶然的，有的是人为造成的，有的则是制度性的。这些问题的出现往往给企业提供了更多的与消费者沟通与交流的机会，通过这样的沟通和交流，企业管理者可以找出工作中存在的不足，并对其进行分门别类，提出整改措施和改进意见，进一步完善已有的危机计划及处理危机的各项准备工作。全面评价危机管理工作，吸取经验和教训，并以此为契机教育全体员工，提高企业组织免疫能力，防止危机再次发生。

企业环境日趋复杂、变化日益加快，使得企业危机无时不有、无处不在。危机威胁着企业的健康发展，企业的管理者应充分认识到危机管理对企业的重要性，从完善危机预警系统着手，制定有针对性且符合企业自身特点的危机预案，通过对员工的危机管理教育培训和演练，提高危机意识，做到企业危机早发现、早处理和早转化，化危机为生机，促进企业稳定、健康发展。

第四节　实务演练

一、案例分析：某快递企业员工拆包事件

2020年5月22日下午，有网友用微博账号发文称："惊现某快递员工有损职业道德，工作人员竟然私自打开客户包裹，发信息骚扰，还把我的快递散落在自己床上，佯装我是他女朋友。"

这条微博发出后得到了大量的转载和留言，很多网友都表达了同情，同时也有一些网友认为平常接触的快递小哥都非常好，此事件是个例，相信该快递公司可以处理好。

随后在当晚 21 点左右，该快递企业官方微博就转载了这条消息，并发文表示：对不起，非常理解客户的感受，不会姑息，已经启动调查。

6 个小时内该快递企业作出的官方回应，不仅承担了责任，还采取了"启动调查"的行动，发出后得到了网友的支持和谅解。

在 5 月 23 日，危机事件发生的第 2 天，该快递企业再次发布声明，针对事件的调查结果进行了详细说明，对涉事员工岗位进行了调整，也联系了当事人进行了赔偿，同时表示会严加管理。

该快递公司的危机公关案例当中，有以下几个策略是值得企业学习的。

第一，该快递企业面对负面信息回应速度快，勇于承担。其实从事件进行过程中可以看到，这位受到惊扰的微博用户不是一个权威，也不是什么网红，就是一个普通的消费者，但企业在短短 6 小时内就作出了回应，可以说明企业日常对危机的监测应该不少，且没有逃避直面问题。

第二，塑造了一个有情有义的企业角色。在第二天的危机公关声明当中，对这位犯错的员工没有开除，而是调到不直面客户的岗位，这个做法体现了企业人性化的地方，也更深地刻画了这家企业的有情有义。

第三，持续发布、有行动力。企业在第一天回应后，第二天也持续发布了针对危机事件的处理内容，避免了一众网友胡乱猜想，赔偿了受害消费者的损失，并承诺会痛定思痛完善管理问题，这都是让危机舆情快速平息的好方法。

思考·讨论·训练：

1. 该快递企业此次危机的诱因是什么？

2. 该快递企业面对此次危机，可以采取哪些应对措施？

3. 企业如何防范类似危机的发生？

二、危机管理能力测试

测试导语：危机既是危险又是机会，危机管理是企业在"刀尖上的舞蹈"。危机管理绝不是危险出现以后才开始管理，而是要在危机发生之前采取措施，做到及时有效，处理不好就会产生恶劣的后果。假设你是企业的管理者，不妨通过下面的测试来看看自己是否善于危机管理吧！

1. 以往的成功经验让你陶醉，认为危机离你还很远，等危机到了再说。

A. 就这样

B. 不，我保持了一定的清醒

C. 我十分注意居安危思危，危机意识强

2. 危机出现，你是否会迅速组织企业成员为决策提供咨询？

A. 这是公关部门的事

B. 偶尔过问，组织一下

C. 是的，一个人的力量有限，我会组织相关人员作为智囊团

3. 当智囊团意见不一时，你会如何处置？

A. 不知所措，左右摇摆

B. 听从主流意见

C. 在危机压力的影响下，团体思维会有一定局限，我会找出大家想法中的遗漏，在全面审核的基础上作出决策

4. 你是否会很快查明并面对危机事实？

A. 问题棘手，选择逃避

B. 偶尔过问，催促一下

C. 我会直面问题，尽快澄清事实

5. 你是否会尽快成立危机新闻中心？

A. 没有注意这方面

B. 发布部分消息

C. 我会尽快公开、坦诚、准确地告诉媒体实情，以免媒体从其他渠道探听不确实的消息

6. 你是否会动员民间力量协助处理危机？

A. 没有注意这方面

B. 偶尔会借助他们的力量

C. 民间力量是一种潜在资源，对舆论有很大说服力，我会运用这方面的资源

7. 你是否会与政府官员、消费者、利益关系人直接沟通?

    A. 很少如此

    B. 偶尔如此

    C. 我会及时告诉他们危机处理中的进展

8. 你是否会通过内部渠道与员工沟通,尽量做到与发言人口径一致?

    A. 没想到这一点

    B. 偶尔如此

    C. 我会组织员工一起共度危机,让每个人的发言都能代表公司立场

9. 你是否会采取相应的补救措施?

    A. 很少如此

    B. 偶尔为之

    C. 我会付诸补救行动,挽回声誉

10. 你是否会注意事后沟通与改造?

    A. 没有注意这方面

    B. 有这个意识,但很少付诸行动

    C. 是的,我会从危机中吸取经验教训,从而推出更完善的产品和服务

三、积分标准

选 A 得 1 分,选 B 得 2 分,选 C 得 3 分,然后将各题所得的分数相加。

测试结果:

(1)总得分为 24~30 分。你的危机应变能力较强,尽管形势十分紧急,但你心里已经有了一套清晰的处理方案。不过,你应该清楚居安思危、防范危机更加重要。

(2)总得分为 17~23 分。你的危机应变能力一般,在危机应变处理中,虽然你并没有逃避或者反应不及时,但不明朗的态度会令你被动。记住:必须全力以赴处理危机,这关系到你和公司的未来。

(3)总得分为 10~16 分。你的危机应变能力较差,危机频发所造成的损失也日益严重,这是企业管理者无法避免的现实。因此,你需要提升危机管理意识和敏感性,建立预防机制,在危机发生时敢于站出来积极应对。

2020 年危机公关的著名案例典型[*]

2020 年是跌宕起伏的一年，对于公关行业来说，同样如此。舆论环境愈加复杂，发生了很多引起轰动的公关事件，例如，阿里公关天团的"翻车"，抖音"软磨硬泡"对抗美国政府，腾讯自创"卖萌自黑式"公关套路，直播卖货行业面对售假风波"丑"态百出……变化是最大的永恒，对于公关这个看似传统但依赖经验的行业来说，一些危机公关的应对逻辑，在发生改变。

1. "天选之钉"

钉钉被教育部选中作为给小学生上网课的平台，一时间"天选之钉"成了被网课支配的孩子们的出气筒。当得知 App 的评分低于一星就会被下架时，小学生们更是集体出征，疯狂打一星，钉钉 App 评分从 4.9 一路跌到了 1.6，孩子们意图将其"喷"下架。面对新增长的年轻用户，钉钉就采用了求饶的方式，表示："给我在阿里粑粑家留点面子吧""相识是一场缘分，不爱请别伤害我""我只是一个 5 岁的孩子"，用卖萌、可怜的形象求饶。同时，阿里家族的其他应用也被炸了出来，"毫无面子可言"的淘宝，"没有缘分、牵手失败"的支付宝，"惊到笑出声"的盒马，"被网友心疼"的天猫，纷纷出手捞了一把被虐得"寸草不生"的钉钉。随后钉钉更是乘胜追击，推出了《甩钉歌》《你钉起来真好听》等一系列 B 站风格的视频，在视频里，钉钉用最软的态度唱出了最硬的事实。建构起品牌与 B 站的强关联度，成为了 B 站网红，成功拉升了品牌在年轻人中的好感度，钉钉的评分也就回暖了。

2. "逗鹅冤"

腾讯上当受骗，活生生演变成一出大戏，因被骗而被网友群嘲为"逗鹅冤"。霸气外露的小企鹅，可能也想不到有一天会在老牌传统企业老干妈手上"吃了个瘪"，腾讯在当天用自嘲式公关来应对，推出了一条恶搞视频：我真是干啥啥不行，吃辣椒酱第一名，别人买一瓶假的亏 8 块，我亏 1600 万。通过恶

---

[*] 案例转引自搜狐网柠檬兄弟公关公司的主页，https://m.sohu.com/a/442542057_100171186?spm=smwp. media.fd-s.1.16480901296675SDNxdP，本书仅引用作为案例分析素材。

搞杨超越的女团告别感言，腾讯成了大家心目中吃了假辣椒酱的憨憨企鹅。官方微博发布千瓶老干妈求骗子线索的消息，以及傻白甜企鹅形象向公众示弱，在娱乐化的话题传播中，腾讯被骗的尬剧成了一场喜剧，以卖萌的人格化方式和用户沟通。整件事情到此算是收尾，腾讯是憨憨企鹅不假，可这波公关操作产生的价值可不止 1600 万哦！

3. 知错能改海底捞

2020 年 4 月，伴随着疫情的向好发展，网红海底捞恢复营业后餐品涨价，半份毛血旺从 16 元涨到 23 元，只有 8 小片；半份土豆片 13 元，差不多合一片土豆 1.5 元；自助调料 10 元一位；米饭 7 元一碗；小酥肉 50 元一盘。这一行为迅速将海底捞推向舆论风口，海底捞随后就发布了致歉信，并恢复到 2020 年 1 月 26 日门店停业前的标准。虽然引起热议，但舆论环境并不负面，海底捞果断采取行动，重新赢回了大众的信任。相关部门借势进行公关处理，变相为自身业务打广告，话题不但冲上微博热搜，而且赢得不少网友的好评，知错能改，才是最好的公关策略。

4. 当当从摔杯到抢章主题活动

当当创始人李国庆与俞渝的权力大战正酣，相关话题刷屏网络。2020 年 4 月 27 日下午，有网友发现，当当正在做"从摔杯到抢章"主题活动，部分图书每满 100 减 50，首页广播《好的婚姻，要守护财产和爱》一书的广告，点进去是特别策划专题"从摔杯到抢章"，推荐了《男人这东西》《好的婚姻，要守护财产和爱》《危险关系：爱、背叛与修复之路》《公司控制权的争夺：不可逾越的经验法则》《一本书看透股权架构》《合伙人制度：以控制权为核心的股权设计》《公司控制权：用小股权控制公司的九种模式》《股权战争》等图书，疑似影射近期李国庆上门抢公章事件。不少网友们表示：自己的热点自己蹭，一边"讽刺"，一边卖书，当当网可真的是一点儿也不耽误正事啊。被李国庆一度威逼，当当网终于开窍了，与其把热度给别人，还不如自己营销搞 KPI！对于当当消费自己老板和老板娘的"瓜"，自己蹭自己热度，生产自救的营销活动，广大网友丝毫不吝惜自己的赞美之词：幽默、挺好、笑喷、危机公关别出心裁。

5. 老罗直播

5 月 20 日情人节当天，微博上不少人反映在罗永浩直播间购买的花点时间玫瑰花品相不佳，花瓣都是枯萎的。为此，罗永浩连发三十几条微博转发网友评论并作出回应称：影响了大家节日心情，我们非常非常非常抱歉，正在严肃追究责任（事先有协议约束），如果他们不及时给大家一个交代，我们也会给，请放心。5 月 20 日当天，再次微博公开道歉，并提出了补救措施：在花点时间 100% 原价退款以及同等现金赔偿的基础上，罗永浩团队提供一份额外的原价现金赔偿，这份赔偿的总价值达 100 多万元。网友评价厚道、体面、三观正，挑不出毛病，尽管 100 多万元的现金赔偿让人觉得肉疼，但罗永浩用实际行动让大家看到了他的诚意，维护了老罗作为带货主播的个人信誉，什么才是好的危机公关，罗永浩给了答案！

6. 人民需要什么，五菱就造什么

2020 年最感人的一句话：人民需要什么，五菱就造什么。为了抗击疫情，大量生产口罩，五菱将广西德福特集团原有生产车间改建为 2000 平方米无尘车间，共设置 14 条口罩生产线，其中 4 条生产 N95 口罩，10 条生产普通医用口罩，从想法提出到第一批口罩下线，仅用时 3 天，又一次刷新了五菱速度。五菱口罩让世界见证了中国速度，也见证了民族企业的担当。有付出就会有回报，上汽通用五菱为抗击疫情作出的努力和贡献，也使其收获了满满的人气和口碑，五菱宏光也是民族之光。

7. 京东大受好评

京东奇迹般仅用一天时间就将 100 台由钟南山院士团队通过广东省钟南山医学基金会捐赠给武汉汉口医院的制氧机运送到了武汉，引发网友一片赞誉。早一分钟送达，就可以挽救一些生命，让疫情扩散得更慢。京东物流为驰援武汉等地开通了专用通道，让物资能够快速送到。钟南山在这次疫情中，成为了人们心中的中流砥柱，是一个正能量满满的个体，他做过的每件事、说过的每句话都让网友们信服。所以，当钟南山写道：感谢京东心系医疗援助一线，以最快的速度将急需医疗物资送达武汉。京东毫无意外地被网友们刷屏称赞了。

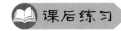 课后练习

一、名词解释

危机　危机管理　企业危机生命周期

二、简答题

1.简述危机的类型。

2.简述企业危机的特点。

3.简述危机管理的特性。

4.简述企业危机管理的目的。

三、论述题

1.结合近期发生的企业危机案例，分析企业危机的生命周期。

2.论述危机管理的六大原则。

3.论述不同时期的企业危机有哪些特点？

4.论述企业危机管理的模式及其应用。

5.试论述企业危机管理策略。

第二章　企业危机诱发因素分析

→
导入案例

2019 年 4 月 13 日，某时装品牌推出了一张名为"国民集市"的海报，副标题上赫然写着"穿越历史老集市，让物价回归 1948"。不知道的还以为是恶搞，要知道 1948 年，正值国民党政府日薄西山、经济崩溃、通货膨胀、物价飞涨的时期。因此，引来许多网友议论纷纷：该品牌民国电视剧看多了吗？是要开始物价虚高了吗？是不是 996 工作制，把员工脑子搞傻了？就在这时，共青团中央的官方微博账号，点名该时装品牌，且没有直接责怪其无知导致的失误，而是借此机会，普及了一下历史，与现在的幸福生活作了个对比。一时间舆论四起，网友聚众"吃瓜"的同时，也不忘猜测该品牌公关部门接下来的操作：第一，撤掉海报；第二，道歉声明；第三，拉实习生背锅。然而，事情的走向却出乎大多数人的意料。

事件发生不多时，该品牌发现问题后迅速撤下海报，并在官方微博上重新写到，"高一历史《中国近代现代史》下册（必修）第三章第二节，罚抄 100 遍并背诵全文……在抄书了"，并配上"罚跪"的表情。顺势为网友们科普了 1948 年民国政府通货膨胀后的社会现象，配图是设计师正在抄写恶补这段历史的现场。而该品牌这一机智且谦虚的回应，也让共青团中央官方微博前来互动转评。很快，网友们都在该时装品牌官方微博下幽默互动，化解了这张敏感海报所带来的负面影响，一时间，该时装品牌公关被网友们顶上了热搜。

第一节　企业危机的内部诱发因素

一、企业社会责任缺失

企业社会责任，指企业在谋取自身及其股东最大经济利益的同时，从促进国民经济和社会发展的目标出发，为其他利害关系人履行某方面的社会义务。企业的社会责任并不是简单地为慈善机构捐钱，而是对社会自然环境、消费者、股东、员工等有整体的考虑和持续的责任感。对保护消费者的合法权益负责，对营造安全放心的消费环境负责，对保护环境和造福社会负责，是经营者不可推卸的重要责任。

二、人力资源危机

知识是企业的战略资产，企业是一种知识整合系统或是创造、传递和运用知识的组织。企业不再仅仅只关注资金、成本、品质，人力资源成为企业关注的重中之重。加入世界贸易组织后，随着外国企业和外国人才中介机构的闯入，国内企业面临的人才"价廉物美"时代已不会再有，企业流走的不仅是技术人才，更将是优秀的管理人才。全球知名的雇佣服务公司 Manpower 对此现象进行了深入探究，指出在管理层级别，中国员工流动率比全球平均水平高出了25%。这些管理人才更了解企业的产品，更熟悉企业的技术，更知道企业的市场，更熟悉企业的渠道，更清楚企业战略。

知识卡片：盲目裁员引发的大规模员工离职，会造成员工队伍的不稳定，影响员工工作的积极性，加重企业裁员的成本，甚至搞乱企业人心，降低企业信誉，造成无法弥补的损失，使企业陷入更深的困境，这些对企业而言是相当危险的。在危机背景下，如何妥善处理企业裁员并做好相关风险防范无疑具有重要的意义。离职员工可能会带来以下几个方面的危险。

1.直接或间接经济损失风险

直接的损失是必须依法支付被裁人员的相应经济补偿，间接的损失包括在被裁员工身上发生的招聘成本、面试成本、培训成本等投资。若再考虑到员工抵制、法律诉讼、外部制裁、内部冲突等可能对企业造成直接或间接经济损失的可能性，裁员带给企业的经济损失风险更大。

2. 核心技术或商业秘密泄露风险

在企业内部技术上，可能由于人员的离开，进入竞争对手的企业产生技术外泄风险，如果由于结构性裁员裁掉部门很有发展潜力的人员，造成将来很有培养前途的员工的流失，这对公司来说将是很大损失。更有甚者，部分企业员工在得知自己被裁以后，可能会盗取企业的商业机密进行谋利。

3. 裁员会对组织内部造成创伤

裁员后会给组织原先的企业文化带来巨大的危机和震荡。被裁减的职工心理上受到创伤，造成社会问题；被留下的职工引发的"幸存者综合症"在生理和心理的双重压力下，对公司产生埋怨情绪，以致责任心下降、士气低落，不信任领导层……

4. 网络舆论引发的品牌形象风险

企业裁员是社会广泛关注的问题，特别是知名企业的裁员行为往往是新闻媒体追逐的焦点，企业要顾及社会舆论对企业所产生的负面影响，避免社会舆论对企业反感，从而削弱其在市场上的品牌价值和社会形象。

三、战略失误

战略主要涉及组织的远期发展方向和范围，理想情况下，它应使资源与变化的环境，尤其是与市场、消费者或客户相匹配，以便达到所有者的预期。企业战略的管理具有极高的复杂性，在竞争与日俱增的今天，全球化的浪潮和日进千里的技术创新，使企业稍有闪失，便有可能招致灭顶之灾。如何在激烈动荡的市场竞争中，制定和执行正确的企业经营战略，已经成为决定企业能否立于不败之地的关键。

导致企业出现失误的六大可能因素有：一是没能认清并明白竞争环境中的事件及不断变化的条件；二是根据错误观念制定战略；三是追求单一战略，不能创造或维持企业的长期优势；四是多元化的出发点不对；五是未能建立和实行各种机制，确保企业内部核心流程及关键部门的协调和统一；六是制定了主观、欠灵活的目标，实施的控制系统又不能在企业文化、员工奖励和部门权限之间达成一种平衡。

对竞争环境的错误判断、失之偏颇的假设前提、竞争优势的自我削弱、盲目扩张自损价值，以及受制于组织结构，都会使企业掉入危机的泥潭苦苦挣扎，甚至就此沉没。

四、公关行为失误

如果决策失误，发生误导，就会人为地造成危机。陈旧的观念、落后的形式、一般化的公共关系活动，虽然不会对组织造成致命的伤害，但也提高不了组织的知名度。在市场竞争中，组织公共关系活动如果不能发挥应有的作用，本身就孕育着危机。

五、缺乏有效的危机预防体系

预防是解决危机的最好方法，建立企业危机预防管理体系是避免危机，减弱危机危害的一个有效途径。企业缺乏对外工作岗位的分析、不能建立适合自身发展的有效外部关系网络、全员危机意识模糊、突发事件快速反应体系缺失、不完善的档案管理制度以及对外发言人制度不健全，这些都使企业在面临危机时只能临时抱佛脚。

企业应通过各种形式的活动让全体员工知道企业危机的危害性，以及危机对每一位员工自身带来的损害，使企业员工在生产、经营及管理活动中自觉地规范自身行为，做到居安思危，未雨绸缪。

危机管理如何进行有效的公众沟通是非常关键的，很多企业组织在危机发生之后总是有一种拖的心理，当媒体发布的信息往往不准确时，再去消除这种影响，往往很困难。危机发生后，很多企业由于不愿意事态张扬，往往采取"鸵鸟策略"，避而不谈。本意是让风波自然平息，不料却大多数时候是越闹越大，以至传言满天飞，危机的发展越来越严重，最后才不得不出面处理问题，结果却是事倍功半。

第二节　企业危机的外部诱发因素

一、自然环境的变化

自然物质环境是影响企业生产经营的物质因素。物质环境的发展变化会给企业造成一些"环境威胁"和"市场营销机会"。企业所面临的某些自然物质资源已经短缺或即将短缺。地球上的自然资源大体有三类：第一类是"取之不尽，用之不竭"的资源，如空气、水等。但是近几十年来，许多国家（特别是工业化进程较快的国家）的空气污染日益严重；水资源虽然在自然界中比较充足，但是随着工业和城市发展，缺水问题也日益严重，而且受到严重的污染。第二类是"有限但可更新的资源"，如森林、粮食等。但有些国家（如非洲国家）因为人口增长太快，再加上连年发生战乱和遭受灾害，已面临粮食严重紧缺的危险；有些国家由于城市发展快，工业用地、生活用地增长迅速，使农田急剧减少，由于耕地资源有限，如果照此长期发展下去，这些国家的粮食和其他食品势必成为严重问题。第三类是"有限又不能更新的资源"，如石油、煤、铀、锡、锌等矿物。这类资源，由于稀缺性或在一段时期内供不应求，使需要这类资源的企业面临着威胁，而必须寻找代用品。鉴于上述情况，企业就要研究和开发新的资源和原料，这样又造成了新的市场营销机会。所以说，自然物质环境对企业营销活动的影响可以说是双重的，既给企业造成环境威胁，又给企业带来市场机会。

二、行业中企业相互之间的恶性竞争

恶性竞争是指公司运用远低于行业平均价格甚至低于成本的价格提供产品或服务，或使用非商业不正当手段来获取市场份额的竞争方式。容易出现恶性竞争的行业多是进入门槛低、生产企业众多、行业集中度不强，同时需求又巨大的行业。恶性竞争又称过度竞争，在国外经济学文献中又称"自杀式竞争""毁灭性竞争"或"破坏性竞争"，在日本被称为"过当竞争"，在中国则有人称为"恶性竞争"，表现为企业之间频繁发生的价格战、资源战、广告战等现象。贝恩（Bain，1959）从哈佛学派结构—行为—绩效（structure-conduct-performance，SCP）模式的经验研究出发，认为过度竞争是非集中型市场结构特有的现象，从形式上看，主要表现为：第一，产品价格长期处于平均成本之下，从而企业只得到远低于正常水平的利润；第二，要素报酬长期处于正常水平之下且难以转移；第三，对经济周期反应迟钝。

无论是在一个成熟的市场，还是一个不成熟的市场，只要存在激烈的竞争，就容易爆发恶性竞争带来的危机。面对竞争对手咄咄逼人的竞争手段，采取什么样的措施，如何应对竞争对手，这已经成为很多企业市场部的重点工作。

三、科学技术发展的负面影响

科学技术的进步既可能给企业带来新的发展机会，也可能给企业带来危机。企业靠资本或者劳动力就能获得高速发展的时代已经结束。一些高新技术如信息技术、网络发展、生物技术、新材料、新能源在企业中得到越来越广泛的应用。如电报机曾经是人们通信的主要工具，随着手机的普及与计算机网络的发展，电报机逐渐被取代，最终淡出了历史舞台。科技进步的负面影响主要表现在以下几个方面：第一，科学技术迅猛发展，信息传递速度过快，使得一些企业秘密被泄露出去，出现一些仿冒品，会给企业的利益带来严重的影响；第二，科技的不断进步与发展，带来的信息良莠不齐，会对很多企业的员工产生负面的影响，从而给企业带来消极的影响；第三，由于信息化时代知识更新过快，人们不得不拼命学习新的知识，有些人会因为担心跟不上时代的发展，而出现心理问题；第四，一些水平较低的人由于能力差，不会使用包括网络技术在内的新模式，造成无法与其他人共享信息和先进知识，出现了信息和知识流向两个极端。

四、社会公众的不确定感和不理智

社会公众作为企业的利益相关者时刻关注着企业的动向。企业生产产品和服务，公众消费产品和服务，企业和公众之间形成了委托代理关系。企业作为委托人掌握了很多作为代理人的公众没有的信息，例如企业生产经营的真实情况。公众不可能身临其境地去调查和监督，因为这样做的成本过高，这就在企业和公众之间形成了信息不对称。在这种情况下，企业就会有降低产品和服务质量以谋求更高利益的倾向，即道德风险。消费者也会倾向于怀疑企业，这种不确定感使得消费者对企业舆论分外敏感，也就加速了企业负面信息的传播。

与此同时，群体中信息流爆炸，群体极化的信息传播方式也导致个体置身于群体中丧失理智，从而背离了理性人的假设，其行为不再受自己个人理性的制约，而是在群体中以一种从众的、极端的形式表现出来。这就使得身陷舆论危机的企业面临更大的挑战，因为群体的情绪是很难控制的。

五、新媒体技术的发展

随着科技和信息技术的快速发展，社会发展和公众生活已经进入了新媒体时代。新媒体指的是相对于传统媒体（电视、广播、报纸）而言的基于计算机网络基础的新的媒体形态，如移动电视、手机媒体、微博、微信、抖音等。各式新媒体的不断涌现和迅猛发展为企业的发展提供了巨大便利和广阔空间，但同时也成为企业危机最大的传播平台。近年来频繁爆发、影响巨大的企业危机事件最初并非由传统媒体引爆，而是由许多个人意见式、感受分享式、调侃式、揭露提醒式的小帖子、微博文章、抖音短视频等在新媒体平台转发引爆，使得某些事件迅速成为民众关注的焦点。

在这样的时代背景下，任何一家企业忽视新媒体都有可能使企业在危机的旋涡中找不到恢复的途径。因此，企业需要了解新媒体的信息传播特点，重视新媒体对企业危机管理的影响，在危机管理的各阶段恰当利用新媒体，调整危机管理策略，帮助企业可以正确有效地应对危机。

第三节　实务演练

案例分析：某电商平台服务器遭遇不明原因瘫痪

2019 年某日，某电商服务平台官方网站及 App 全面瘫痪，用户无法登录。针对突如其来的危机，当日上午 12：50 该电商服务平台在官方微博上发布并置顶了一篇微博，内容为"服务器遭遇不明原因瘫痪"。

这仅仅阐述了已经发生的事实，并没有该平台任何的态度表达。危机公关最为重要的是涉事企业的态度，以及在事件发生后，涉事企业做了哪些事情，包括已经采取的措施以及即将采取的措施。而且涉事企业要抓住最核心的受众，针对他们最关心的问题，作出解答，以解除他们的疑虑或者担心。

对于该平台来说，最核心的受众是在网上订过票和预订房间的用户，他们最关心的问题，是之前订票时留下的信息，包括身份信息、支付信息等，是否会泄漏。平台应该明确回复用户，正在采取什么措施以及即将采取什么措施，来保证信息的安全。用户通过客服电话来表达自己的担心和忧虑，同时也在该电商服务平台的官方微博、微信公众号和抖音账户下进行留言，希望该平台可以给出明确的答复。

在第二天下午，该平台官方网站发表了一份声明，在经过平台的调查与核实以后，明确表达了平台对该事件的态度：

（1）向用户表达了歉意，说明了事故的原因，并且设有专门的用户疑问解答人员。

（2）就大家最关心的问题，订票和订房间留下的个人信息安全问题，向大家作了说明。告诉大家网站登录不上，是服务器故障，而不是被恶意攻击，个人信息不会受到该事件影响。

（3）不间断地通过微博和微信公众号向大家表决心，告诉大家正在采取的措施以及即将采取的措施。

（4）后来某地服务器供应商发函该平台，就该事件表达歉意。第三方站出来说话为该平台的说法提供支撑，增强了可信性。

在该电商服务平台发布该次声明之后，表达相关诉求的客服电话显著下降。其他自媒体平台上，用户对该事件的探讨和质疑声也显著减弱，由该事件引发的舆情逐渐衰退。

思考·讨论·训练：

1. 造成该电商服务平台此次危机的原因有哪些？

2. 当今互联网企业应着重应对来自哪些方面的危机？

3. 某电商服务平台应对本次危机的经验教训有哪些？

拓展阅读

企业怎么处理同行业恶意诽谤引发的不正当竞争

声誉是社会对经营者的经济能力、信用状况等所给予的社会评价；对商品的评价，包括商品的品牌、质量、价格、售后服务等方面，是商品以其优良的质量、价格、售后服务等在公众中获得的良好的赞誉。通过捏造虚假事实或虚假信息等不正当的竞争手段，对竞争对手的商业信誉、产品声誉进行诋毁，为自己谋取不当利益的恶意诽谤行为，违反了社会公认的商业道德，不仅损害了经营者和消费者的合法权益，而且破坏了良好的市场竞争秩序。

商业恶意诽谤行为的出现，反映了部分企业在激烈的市场竞争中，缺乏最基本的自我道德约束，同时也反映出许多企业在经营模式、产品开发等方面缺乏创新，相互模仿严重，同行之间产品结构和市场定位高度相似，营销渠道趋同，导致激烈的竞争，极端的情况就是恶意诽谤。这种恶意诽谤行为，扰乱了正常的市场秩序，损害了竞争对手的商誉。

恶意竞争会给社会和产业带来难以弥补的损失，企业在争夺市场、客户、渠道、股权、控制权、政企关系方面使出浑身解数，作出疯狂的市场投入、激烈的价格战、不实信息的传播等行为，恶意竞争无法实现真正的超越，同时也打击了自己的品牌价值。随着互联网的快速发展，互联网已经成为恶意竞争的主战场，网络发布成本低、传播速度快、传播更隐秘也是恶意诽谤行为大规模爆发的主要原因，明目张胆地毁坏对手的形象，已比比皆是。

常见的恶意竞争诽谤方式有以下三种。

一是公开场合诋毁对手商业信誉。一般而言，对经营者的产品、服务质量进行合理的批评和评论，是法律赋予的正当权利。然而，现实生活中，常有企业通过公开信、新闻发布会、官方媒介等方式故意捏造竞品的质量、制作成分、性能、用途、生产者、有效期限、产地、知识产权等数据并散布虚假事实，损害竞争对手的商业信誉、产品声誉，从而削弱其竞争力的行为。其行为不仅严重侵害了受害人利益，而且严重扰乱了市场经济秩序。

二是发布虚假广告夸大自身优势。企业通过隐匿身份，往往以一种超常规的营销方式进行产品推广。如果不能保证其推广内容的真实性、客观性，必然

会侵犯消费者的知情权和自主选择权。同时很多企业在通过网络宣传时，总会有意无意放大对手产品瑕疵，贬低他人的产品，破坏竞争对手的企业形象，借以抬高自身的市场地位，妄图占领更大的市场份额。

三是诱导消费者恶意投诉。指使、诱使他人以客户或消费者的名义，以竞争对手产品质量差、服务态度恶劣、有损消费者利益等理由向有关管理部门进行虚假投诉，损害其商誉；或者唆使他人肆意造谣，制造、散布不利于竞争对手的谣言，误导消费者对其产品失去信心，从而削弱其竞争力，从而使消费者购买自己企业的同类产品。

良好的企业形象和商誉一旦被破坏，需要很长时间来恢复，甚至难以恢复，从而导致企业一蹶不振。

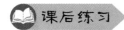 课后练习

一、名词解释

企业社会责任　自然物质环境　恶性竞争

二、论述题

1.试论述企业危机的内部诱发因素。

2.试论述企业危机的外部诱发因素。

危机应对篇

第三章　企业危机预警

鸿星尔克捐款质疑

2021 年 7 月 21 日，鸿星尔克官微发文宣布，公司通过郑州慈善总会、壹基金紧急捐赠 5000 万元物资，驰援河南灾区。随后，此事登上热搜，并且获得大量网友好评。

然而事情后面的发展显然超过鸿星尔克的预料，网友的好评支持瞬间转化成销量。当晚鸿星尔克的直播间里，围观人数非常之多，观看次数近 190 万次，销售额超千万元，创下了历史纪录。有趣的是，董事长和主播小姐姐都在不停地劝说网友要理性消费，换来的却是更加野性的消费与让人哭笑不得的留言。网友们纷纷表示，如果鞋码不合适，是自己脚的问题，鞋肯定没问题。

7 月 24 日，有自媒体发表文章《捐了 20 万瓶冰露矿泉水的鸿星尔克，怎么捐出 5000 万物资？》；7 月 25 日 9 点 32 分，知名媒体人"理记"在微博就"鸿星尔克驰援河南"一事发文，质疑鸿星尔克的捐赠情况。

针对网友质疑的捐赠物资情况，鸿星尔克相关负责人在接受媒体采访时表示，鸿星尔克目前物资的运输和发送已经在进行，本次物资捐赠是鸿星尔克从全国各省公司调拨的，并且与捐赠的公益机构签订了捐赠协议。

此外，鸿星尔克还表示，本次是面向 2 家公益机构捐赠共计价值 5000 万元的救灾物资，分别是向郑州慈善总会捐赠价值共计 3000 万元物资，其中包括人民币 100 万元现金捐赠和

2900万元物资捐赠。上述100万元善款鸿星尔克已拨付到账，其他相关物资已经在陆续发放，鸿星尔克向壹基金捐赠价值共计2000万元的物资，其中包括人民币200万元现金捐赠和1800万元物资捐赠。上述200万元善款鸿星尔克已拨付，将于未来几日到账。

鸿星尔克官方微博也在7月25日3点25分作出相关回应。而郑州慈善总会和壹基金也在当天证实了鸿星尔克捐款事宜。

此外，鸿星尔克总裁吴忠照通过抖音账号回应称，鸿星可克将根据两家慈善机构的需求，陆续履行捐赠承诺。请不要神化鸿星尔克，希望大家能够更多地关注一线救灾人员。同时，吴忠照再次呼吁大家理性消费，恳请大家避免对别的同行造成困扰，国货品牌都需要大家的支持和爱护。

第一节 企业危机预警概述

一、企业危机预警的含义

危机预警已成为一个广受关注的研究课题，不少学者对此领域进行了广泛的研究，并取得了一定的成果。企业危机预警最早的研究只是着眼于企业危机的一个部分——财务危机，而最早运用多变量分析法探讨公司财务危机预警问题的是20世纪60年代的美国学者阿特曼（Altman，1968），他的Z值模型运用多变量建立多元线性函数公式，即选取多个财务指标，给每个指标赋予相应权重，加权平均产生判别值Z值，根据Z值来预测财务危机。这种思路是非常值得我们借鉴的。国内的研究中，朱怀意和高涌（2002）以核心能力战略危机为研究对象，将人工神经系统引入了危机预警系统。任华和徐绪松（2003）认为预警系统主要包括资料收集、对数据的分析和判断以及对警情通报三个方面的内容，并构建了危机预警指标体系，引用了模糊优先原理和BP神经网络。

刘恒江和陈继祥（2003）根据企业经营方向、外部环境和内部实力三维向量及其效果的关联分析，建立战略危机预警指标及预警系统。何杰和丁智慧（2005）指出了企业危机的几个征兆，并为建立危机预警机制提供了一些建议。类似的研究还有很多。

黄越和杨乃定（2010）运用拓展的平衡计分卡对企业危机的诱因进行了多层次的分析，设计了全面的危机预警评价指标体系。杜术霞（2012）研究探讨了企业危机预警和竞争情报的契合关系，设计构建了企业危机预测的竞争情报流程、企业危机预警诊断监测的竞争情报流程、企业危机预警附加功能的竞争情报流程等相关流程。曹静等（2016）从航运企业的危机潜在诱发因素入手，详细阐述危机诱发因素的信息收集要求以及辨识方法，构建了航运企业危机预警的多指标可拓评估模型。王晓惠和成志强（2017）通过对危机预警与反竞争情报的关系研究，提出了基于反竞争情报需求的对策，设计了企业危机预警的反竞争情报工作流程。

综上所述，危机预警的研究现状可以总结为两类：（1）在定量研究方面，研究者选择预警指标，赋予每个指标权重，进行加权平均，以最终的数值反映危机程度。（2）在定性研究方面，研究者阐述了危机前的某些征兆，然后给出一些预防建议。这些学者为危机预警研究都作了一定的贡献，同时也存在一些不足：（1）危机征兆分析方法上，割裂了定性分析和定量分析，影响了预测结果的准确性。需要采用定性与定量相结合的研究方法，这样才能准确地反映预防危机。（2）危机预警指标的选择不能灵敏、准确地反映企业的危机征兆；指标体系的计算比较烦琐，难以实施。指标体系的建立要具有针对性和覆盖性，不能片面地反映某一方面。

企业危机预警是根据企业危机前兆，查找导致前兆的根源，控制危险事态的进一步发展或将危险事件扼杀于萌芽状态，以减少危机的发生或降低危机危害程度的过程。企业危机预警的目的是减少危机的发生或降低危机的破坏程度，实现企业的持续经营。

二、企业危机预警的主要内容

（一）确定危机来源

对可能引发危机的现象或事件进行列举。很多企业尽管可能是行业的领先者，但是或多或少地会存在薄弱的地方，善于发现自身的弱点是现代企业的必修课之一。企业应认真反思，哪些薄弱问题可能会导致企业陷入危机？从而使企业知道最应该对哪些危机进行有效管理。

企业应按照正式的方式来明确最有可能发生、能够造成最严重危害的潜在危机。主要调查途径有：（1）对公司的高层、中层、基层进行问卷调查；（2）对经销商进行调查；（3）对消费者进行调查；（4）对政府部门、行业主管部门进行调查；（5）对媒体记者编辑进行调查。

在分析以上所形成的调查数据的基础上，帮助企业识别最脆弱的方面，为企业缩小应该进行良好防范和管理的危机范围，从而确保危机管理的效率和效果。

（二）对危机进行分析

（1）分析危机发生的频率；（2）分析危机发生的影响力；（3）分析危机管理的难度；（4）分析危机引起的公众关注度。

企业根据所列举的危机以及以上四条考评依据，形成潜在危机重点分析表和危机优先序列象限表。

（三）确定危机的预控策略

根据危机的性质和企业对危机的承受能力，企业有不同的危机应对策略。

企业应对危机的方法可以归结为四招：躲、侧、转、接。

第1招：躲——排除策略。惹不起，躲得起。打不过，总跑得过吧。一些危机爆发的诱因都属于企业可控制的因素，因此应该积极清除这些诱因，排除潜在危机。不要去做无谓的英雄，根据自己的实力和背景行事。如果自知不是老虎的对手，就不要去"明知山有虎，偏向虎山行"。说得好听点，叫"战略性撤退"。

第2招：侧——缓解策略。躲不起，侧得开。如果跑不过，那也不必硬碰硬，可以侧过身子，缓一缓。通过各种措施，将危机诱因控制在一定的限度和范围之内，从而缓解危机，使损失降低到最低程度。例如，肯德基在中国的鸡肉供应商，全部获得了国家出入境检疫局颁发的《检疫卫生注册证书》，并保证所有的供货"来自非疫区，无禽流感"。而越南肯德基由于当地鸡肉供应不足，已经用大量的鱼类产品代替了鸡肉产品。这些措施在禽流感猖狂时期，一定程度上降低了肯德基的企业损失。

第3招：转——转移策略。侧不开，转移开。对于无法回避也无法缓解的危机，应设法合理地转嫁风险。如将部分经营环节外包、购买保险、套现保值及签订免除责任协议等。在"9·11"恐怖袭击事件中，国际保险市场遭受重创，许多保险公司都支付了巨额赔款，但并没有引发一系列的保险公司破产事件。最重要的原因就在于国外的保险公司都十分注重分保，将自己承保的部分业务转移给其他保险公司，即通过再保险来转移风险。所以，"9·11"恐怖袭击事件发生后，支付赔款最多的是那些再保险公司。

第4招：接——防备策略。转不走，接得起。没有人事先知道危机在什么时候发生，会波及多广的范围，因此必须在力所能及的范围内防备危机，为危机的爆发做好人、财、物的准备，积极承担风险，并在危险中寻找反败为胜的机会。就好像防洪一样，必须做好应对洪峰通过时的各项准备。

（四）确定预防潜在危机的改进措施

建立危机自我诊断制度，从不同层面、不同角度进行检查、剖析和评价，找出薄弱环节，及时采取必要措施予以纠正，从根本上减少乃至消除发生危机的诱因。

危机管理专家芬科（Fink，1986）提出，应该建立定期的公司脆弱度分析检查机制。他说："越来越多的顾客抱怨，可能就是危机的前兆；烦琐的环境申报程序，可能意味着产品本身会危害环境和健康；设备维护不力，可能意味着未来的灾难。经常进行这样的脆弱度检查并了解最新情况，以便在问题发展成为危机之前得以发现和解决。脆弱度分析审查不仅有助于防止危机，避免对公司业务和公司利润的不良影响，而且，还会使公司在未来变得更为强大。"

（五）建立危机管理机构

由危机管理小组制定或审核危机管理指南及危机处理方案，清理危机险情。一旦危机发生，及时遏止，减少危机对企业的危害。

（六）拟订危机管理计划

在事前对可能发生的潜在危机，预先研究讨论，以制定出应变的行动准则。

（七）对员工进行危机管理培训和演习

开展员工危机管理教育和培训，增强员工危机管理的意识和技能，一旦发生危机，员工应具备较强的心理承受能力。同时提高管理小组的快速反应能力，并可以检测危机管理计划是否充实、可行。

第二节　企业危机预警管理系统的构建思路与体系

一、企业危机预警管理系统的构建思路与目标

（一）构建思路

企业危机预警是根据企业生产经营的实践活动过程与结果是否满足企业目标或管理目标的预期要求来确定企业运行处于逆境或顺境状态，并由此提出对策的管理活动。它是对企业管理系统的运行进行监控、预测和警告，并在确认处于逆境的情况下，采取既定的组织方法干涉和调控其运行过程并使之恢复正常状态的管理活动，因此，建立企业预警管理系统的关键在于确认顺境与逆境及其相互关系。对此预警管理系统可以在系统非优思想指导下建立，最接近或最合适所确定的标准者为优，符合规律要求多者为优，相反则为不优或非优。优是顺境的过程和结果，非优是逆境的过程和结果。

（二）构建原则

企业要做好危机预警管理，应当遵循以下原则。

1. 预防性原则

危机预警的核心与重点在于预警系统的构建及有效性，而危机的预防则是预警管理的基本要求。企业实施危机预警管理的目的在于有效预防各种危机的发生，将危机消灭在萌芽状态中。所以，企业要根据一定的标准，经常列示企业经营管理和外部环境变革等方面可能出现的危机因素，分析可能发生的危机情境，未雨绸缪，策划应变。

2. 系统性原则

企业本身是一个复杂的系统，由不同子系统——生产部门、营销部门、财务部门、人力资源部门等组成。企业的运行本身就是一个系统的运行，企业危机预警管理涉及企业管理的各个环节、岗位、部门以及人员，是一项复杂的系统工程。按照系统性原则实施危机预警管理，就要做到：企业管理者、决策者要把危机预警管理看成企业管理系统的有机组成部分，结合企业实际，全面整合分析各种危机要素，兼顾一般，突出重点，确保预警的科学性和准确性。

3. 指标化原则

为了准确灵敏地反映企业当前所面临的生存风险的大小，企业应采取多项量化的指标来预测其风险。在选择预警指标时，应具有高度概括性，满足以下要求：一是完整性，即所采用的预警指标应具有高度的概括性，能够反映企业长期的变动趋势和经营的主要矛盾；二是客观性，进行危机评价时应尽量以可验证的数据和资料为依据；三是融合性，要求指标体系内的各个指标互相联系、互相补充；四是可比性，所选取的指标应横向可比和纵向可比。

4. 动态原则

由于危机产生的原因不同，所处的不同阶段也具有不同性质，因此不能采用统一的模式处理不同的情况。而且，由于企业的危机因素也始终处于变化中，所以，企业的危机预警管理也应当适时地加以动态调整。

5. 制度化原则

在企业危机预警管理中，为了有效实现危机的预防和处理，企业必须建立健全的预警管理制度。建立各级危机风险责任制，在各项工作中都要考虑到发生危机的可能性，以便采取有效对策；把责任机制与激励机制结合起来，制定对战胜危机有功人员和失职人员的奖惩办法；建立经常性的危机教育和训练制度，定期进行危机模拟训练。

6. 营救性原则

企业面对不确定现象和因素引发的不可避免的危机，也应有精心策划的各种应急预案，一旦出现危机可立即付诸实施，缩短危机持续期并尽可能减少损失。营救的基本形式有融资营救、管理营救、营销营救和技术营救。

（三）构建目标

企业危机预警管理系统要实现的目标主要体现在以下四个方面。

第一，预警系统要能够预测企业经营状况的发展趋势和变化，为科学决策提供依据；尽量减少决策者的失误，帮助决策者和投资者发现企业的薄弱环节，并实施跟踪监测，以明确企业面临或可能面临的不利环境变动，从动态中发现问题，实现动态调整。

第二，对企业内部管理系统进行监测与评价，以此明确并预控企业组织的运行情况。

第三，根据企业发展的规律和特点，确定能够准确反映这些特征并能反映企业风险变化的指标或指标体系，运用科学的手段和方法测算出企业的危机程度，确定危机等级并及时发出警报，以警示决策者和投资者。

第四，危机预警系统要减少依靠人工监测所产生的经验性、不确定性和波动性，加强运用工具和方法的科学性，提高监测效果的稳定性和准确性。

（四）构建程序

企业危机预警规律的重点应放在危机发生前的预防，而非危机发生后的处理上。为此，建立一套规范的、全面的危机预警管理程序是十分必要的。

1. 在企业内部组建危机预警管理小组

（1）危机预警管理小组的设置。危机预警管理小组在企业内应属于日常性的动态编制。

（2）危机预警管理小组成员的甄选。危机预警管理是企业各职能部门和每一位员工共同的课题，因此，小组成员应尽可能选择熟知企业和行业外部环境、有较高职位的管理人员和较高业务素质的专业人员参加。

（3）危机预警管理小组的工作。全面清晰地对各种危机情况进行预测；为处理危机制定有关的策略和步骤；监督有关方针和步骤的正确实施；在危机发生时，进行全面的指导。

2. 进行危机预警管理策划

人类的任何行动都离不了策划，危机预警管理也不例外。危机预警管理策划的主要内容有以下五个方面。

第一，对企业的潜在危机形态进行分类和鉴别。例如，过去发生过的危机、有可能再发生的危机、其他同行企业已发生过的危机，以及最容易导致危机的现实环境。

第二，制定预防危机的方针、政策。明确了危机的种类，就要有的放矢地开展危机预防工作，找出这些危机的特征，了解其特点，评估其危害性的大小，有针对性地制定预防方针和政策。

第三，为处理每一项潜在的危机制定具体的战略和战术。在处理危机行动反应时，重要的是要设想到最坏的情形，应以平衡判断为主要指导思想。由于不是所有的危机均要同等地反应，人们有必要确定面对各种潜在危机作出的具体反应，或依据每一种特殊情况制定尽可能详尽的策略。

第四，建立危机预控审核制度。积极的危机预警管理不仅要求企业制定涉及全公司的危机防范方针政策，拟定消除潜在危机的对策和措施，还要求企业对所制定的危机防范方针的贯彻落实情况进行定期检查，并使检查形成一种制度，以保证全员思危意识常备不懈，防止预防工作流于形式。

第五，写出书面方案。在完成上述各项工作后，应将所有这一切写成文字。切勿轻视书面计划的重要性，如果没有它的存在，人们便有可能忘记应该采取的关键行动。

3. 进行危机预警管理的模拟训练

危机行动计划拟定后，应定期确定清单上的危机主题，进行逼真的演练来检验，以便及时发现并修正行动计划中的漏洞，同时在演练过程中进一步学习处理危机的手段和技巧。当然，逼真的演练有时真的会让企业有一种特别的感觉，这种特别的感觉不仅可以提高危机管理小组的快速反应能力，监测已拟订的危机预警管理计划是否切实可行，还会增强全员危机意识。因此，这种训练不管是对危机处理小组，还是对全体企业员工，都将是获益良多。在企业危机处理中有"雄鹰"和"鸵鸟"政策之区分。当危机降临企业时，企业必须作出迅速的反应来挽回损失。一般而言，"主动出击是最好的防御"这一原则总是适用的。能够迅速采取行动，果断承担责任的企业总是能够得到公众的谅解，化干戈为玉帛，企业采取的这种策略叫"雄鹰"政策。而当遇到危机时总辩解说"这不是我们的责任"，试图成为把头埋在沙子里的"鸵鸟"式的企业，最终会给企业的信誉造成无法挽回的损失，这类企业所采取的策略就是"鸵鸟"政策。

4. 建立危机预警教育制度

人本管理的理论表明，员工是企业的细胞，是企业的构成要素。企业的各项任务要通过员工去完成，企业的每一个目标要靠员工去实现，员工是企业成败的关键。企业危机预警管理是涉及企业的所有部门和全体员工的一项系统工程，能否有效实施则取决于员工的观念和意识。因此，企业应当建立危机预警的教育制度，把危机预警教育纳入企业的培训规划当中去，及时定期地开展员工危机管理教育和培训。一方面，可以增强全员的危机感，提高预防危机的自觉性，形成人人警惕危机、事事规避危机的氛围；另一方面，一旦危机发生，员工也具备较强的心理承受能力和应变能力。

二、企业危机预警管理系统的功能体系

根据经济预警的机制，借鉴宏观预警的思想和预警方法，结合企业微观经济的特征及现代企业管理系统的发展，建立企业危机预警系统。企业危机预警系统的主要功能包括以下六个方面。

1. 企业管理信息的收集与整理

企业危机预警系统必须建立在完备的信息基础之上，有了完备的信息资源，预警系统才可能通过综合分析，准确判断企业的经营状况；反之，预警系统就会变成无本之木、无源之水。因此，企业危机预警系统首要的功能就是要完成对企业管理信息的收集与整理，为准确评价企业经营管理状况提供坚实的数据基础。

2. 企业危机预测功能

预警系统应该能够根据企业经营状况的单项或综合评价指标的时间变化规律，在一定时期预测单项或综合评价指标值，使企业对未来情况进行模拟、评价，为企业行为提供决策依据。

3. 警示功能

当企业决策失误，存在发生危机的可能时，企业危机预警系统能预先发出警告，以提示相关决策者对企业可能存在的问题作出及时、正确的处理，从而预防危机爆发。

4. 诊断功能

危机系统应当根据企业内部信息和外部环境的综合信息，诊断企业是否存在危机。当企业危机预警系统发出警报后，预警系统还应该根据企业经营的现状及对将来经营状况的预测，准确诊断出导致企业经营状况恶化的原因，使相关决策者知其然，更知其所以然，采取有效措施对症下药，阻止企业经营状况进一步恶化，避免严重的企业经营危机的真正发生。

5. 适时评价功能

企业危机预警系统应该能及时评价企业目前或未来的经营状况的好坏。科学的危机预警系统应是企业充分认识自身的经营状况并作出合理判断的工具。它能客观地反映企业的基本特征，全面综合地评价企业的经营状况。

6. 学习功能

有效的危机预警系统不仅能及时规避现存的各种危机，而且能通过系统详细地记录其发生的原因、解决措施和处理结果，为企业今后的决策积累经验，以便在未来的经营管理活动中恰当地避免和合理地处理类似事件。

第三节　企业危机预警系统的建立

一、预警分析系统的建立

（一）信息搜索子系统

信息是危机管理的关键。对于企业来说，应收集企业外部环境信息和内部经营信息。预警分析系统要根据企业的发展规律和结构特点，对企业外部环境信息进行收集、整理和分析，尽可能收集政治、经济、政策、科技、金融、市场、竞争对手等与企业发展有关的信息；并集中精力分析处理那些对企业发展有重大或潜在重大影响的外部环境信息，抓住转瞬即逝的市场机遇，获得企业危机的先兆信息；同时也要重点收集能灵敏、准确地反映企业内部生产、经营、市场开发等发展变化的生产信息、经营信息和财务信息，并对这些信息进行分析和处理，根据分析结果找出企业经营过程中出现的各种问题和可能引起危机的因素，如经营不善、观念滞后、产品失败、战略决策失误、财务危机等内部因素都可能引发企业危机。通过以上两个方面的分析，才能准确及时地预测到企业可能发生的危机，进而采取有效的措施规避和控制危机，促使企业健康、持续地发展。

（二）预警信息管理子系统

信息分析、评估主要是对危机环境进行分析。环境分析是指对可能或已经引起危机发生的经济、文化、社会等环境因素的了解、评价和预测。通过对企业所在的外部环境的分析研究，掌握客观环境的发展趋势和动态，了解与危机事件发生有关的微观动向，从而敏锐地察觉环境的变化，保证当环境出现不利的因素时，能及时有效地采取措施、趋利避害。

企业要及时识别、评价企业生产经营中的薄弱环节以及外界环境中的不确定性因素，观察、捕捉企业出现危机前的征兆性信息。由于几乎所有的危机发生前都有不同程度的前兆，所以企业应当及时捕捉这些信息，及早进行必要的防范，努力确保企业的薄弱环节不会转变为危机，不会扩大到影响企业经营的地步，并对其可能造成的危害进行评价。企业出现危机的前兆主要表现在：第一，管理行为方面，不信任下属，猜疑心很强，固执己见，使员工无法发挥能力，听不进下属的建议，一意孤行；第二，经营策略方面，计划不周，在市场变化或政策调整时，无应变能力；第三，经营环境方面，市场发生巨变，市场出现强有力的竞争对手，市场价格下降等；第四，内部管理方面，员工关系紧张，职工情绪低落，生产计划性紊乱，规章制度无人遵守等；第五，经营财务方面，亏损增加，过度负债，技术设备更新缓慢等。

（三）危机预测子系统

科学的预测是危机管理的前提，该系统应能预测企业危机的演变、发展和趋势，为管理者进行危机控制和管理提供科学的依据。首先，对企业经营方面的风险、威胁进行识别和分析，如产品质量、环境、人身安全、财务、营销、自然灾害、经营欺诈、人员及计算机故障等，从而准确地预测企业所面临的各种风险和机遇；其次，对每一种风险进行分类，并决定如何管理各种风险；最后，对已经确认的每一种风险、威胁的大小及发生概率进行评价，建立各类风险管理的优先次序，以有限的资源、时间和资金来管理最严重的一种或几种风险。

（四）危机警报子系统

危机警报子系统主要是判断各种指标和因素是否突破了危机警戒线，根据判断结果决定是否发出警报，发出何种程度的警报以及用什么方式发出警报。首先，确定每一个指标的可接受值与不可接受值，以可接受值为上限，以不可接受值为下限，计算其现实危机程度，并转化为相应的评价值；其次，将各个指标的评价值加权平均，得到企业危机的综合评价值；最后，与企业危机临界值相比，即可进行危机警报。

（五）危机预处理子系统

企业危机以多种形式威胁着一个企业的生命，因此要预先制定危机预处理方案，把危机消灭在萌芽状态。危机的性质有物质危机、金融财务危机、意识形态危机和管理危机等方面。虽然企业的危机各不相同，但企业危机管理原则与目的是一致的。企业要想摆脱危机，步入正轨，就必须预先制定预处理方案，以确保危机到来时，能够处于主动地位，从而削弱危机带来的负面影响，甚至可以使危机变成机遇。

二、企业危机预警系统的运作

（一）警源的确认

危机预警系统的运作，要求企业必须首先明确自己面临的危机是什么？哪些方面存在着危机？一般来说，企业最常见的危机主要有产品危机、财务危机、人力资源危机、信用危机、公害危机和突发事件六个方面。此外，企业还会遭遇财产、品牌等一系列危机。下面用简单的雷达图（见图3-1），将上述六种企业常见的危机加以表示，使企业能更直观地确定本企业所面临的危机。

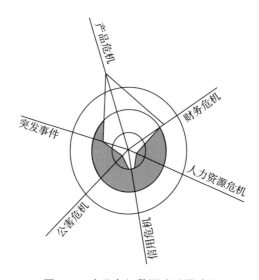

图3-1　企业危机警源确认雷达图

如图3-1所示，雷达图的绘制方法是：首先，画出三个同心圆，同心圆的最小圆圈代表同行业平均水平的1/2值或最低水平，中间圆圈代表同行业平均水平，又称标准线，最大圆圈代表同行平均水平的1.5倍；其次，把这三个圆圈的360度分成六个扇形区，分别代表产品危机、财务危机、人力资源危机、信用危机、公害危机、突发事件六个指标区域；再次，从圆心引出六条射线，每条射线表示一种指标的比率，各射线与外圆相交，并标明指标名称及标度，指标线的比例尺及同心圆的大小由同行业的平均水平来决定；最后，把企业的相应指标值用点标在射线上，以线段依次连接相邻点，形成不规则的多边形，就代表了企业危机来源的状况。

从图3-1可以看出，当指标值处于标准线以内时，说明该指标低于同行业水平，需要加以改进；若接近最小圆圈或处于其内，说明该指标处于较理想状态，是企业的优势所在；若处于标准线外侧，说明该指标处于极差状态，是企业经营的危险标志。

（二）预警指标系统的设计与警度预报

任何一种经济现象都具有多方面的特征，指标体系就是对经济现象特征的整体描述。企业危机的各种警兆只有经过警情指标来加以量化、说明与解释，才能得到科学、全面的反映。在企业的不同层次、不同角度设置预警指标监测防范体系，一旦发生"病情"，决策者可立即得到警报并采取相应的防范手段和措施。

1.危机预警指标系统设计

企业危机预警的根本目的在于危机发生之前给出警报并能够提供改进和补救的切入点，把危机消除在萌芽之中或是降低危机的危害，而不是单纯告知企业其处于危机之中。因此，构建危机预警指标体系首先要把危机预警的意识上升到战略管理的高度，然后将企业运营可能发生的危机转化为一连串可能的诱因假设，形成一系列因果关系链。

（1）财务层面。财务层面的指标主要有7个，即资产净利润率、股本账面值市值比、每股经营现金流、固定资产总额、主营业务收入增长率、留成利润比率和流通股市值负债比。

（2）客户层面。基于理论分析的价值逻辑和实证分析的结论，可建立客户层面的初步指标集，即定价合理性、质量缺陷、客户投诉满意率、快速反应能力、品牌美誉度、客户满意度、客户忠诚度、重要顾客保持率、新客户获得率和市场份额。

（3）内部业务流程层面。企业真正的战略竞争优势——核心竞争力，蕴藏在企业的内部业务流程中，并最终通过向客户提供的产品或服务来实现。内部业务流程层面的初步预警指标集包括：员工培训率、员工满意率、员工保持率、员工生产率、战略信息覆盖率、团队精神、员工参与决策程度、领导能力和高层稳定性。

2. 企业危机警度预报

建立了危机预警指标体系后，就可以进行企业危机警度的预报。首先，对每一个评价指标确定一个可接受值与不可接受值。其次，以可接受值为上限，以不可接受值为下限，计算其现实危机程度，并转化为相应的评价值，再将各个指标的评价值加权平均得出企业危机的综合评价值。最后，与企业危机警度标准相比，即可得出警度。要提高预报的可信度，关键是各项指标的可接受值、不可接受值及权数的确认。确认得合理科学，危机预报的可信度才会高。为此，可接受值可采用本行业或企业的最低或最差水平。

总之，企业危机预警系统是一个层次高、结构复杂、相关性强的系统。其系统的思想是评估和检查企业内外环境的变化，将环境威胁转化为企业的发展契机。在制定重大方针、政策和措施时要考虑到未来的问题和危机，以确保企业能够持续向前发展。因此，建立企业危机预警系统的目标应是预防危机，防患于未然，使企业顺利达到目标。对企业而言，内部、外部环境的任何变化，都会对企业的利益发展乃至生存产生重大的影响。如果企业建立了危机预警系统，全面、系统、连续地收集正在变化的与企业发展相关的重要信息，发现并预知一切可能的变化，就可以促进企业决策者预先采取相应的措施，制定新的发展战略，寻求新的发展机遇。

第四节　实务演练

一、案例分析：某奶茶企业回应涨价

2021年1月，某奶茶企业通过官方微信公众号宣布了此次涨价的消息。该企业这次涨价范围主要集中在奶茶产品，大部分普调 1 元。

该企业微信公众号发文称，这是其 5 年半以来首次涨价，上一次调整价格还是 2016 年。对于涨价原因，该企业官微中表示，"市场上原材料和其他成本逐年走高，之前积累的那些红利也扛不住一系列的叠加成本""对于我们这种薄利多销跑量的品牌，涨价是实在顶不住的最后一步了"。

此外，媒体报道称，当前整个奶茶供应链都面临涨价，包括奶油、奶粉等辅料的成本都在上升，所以该企业此次更多的是被动式涨价。

有中国食品产业分析师称，即使涨价 1 元到 2 元，该奶茶企业价格仍然算亲民，与其整体的综合实力、品牌力和产品力匹配，对于销售影响应该不会特别大。不过，此次提价是原材料成本上涨后的被动式涨价，虽然可以缓解成本上涨带来的压力，但对于盈利能力的提高影响有限。该分析师还表示，不仅是案例中提及的企业涨价，未来整个奶茶行业的涨价也将成为必然。这种情况下，如何减小涨价的影响，是奶茶企业当前的重中之重。

请以该企业的此次事件为背景，为该企业编制一份应急预案。

二、实训步骤

应急预案的编制过程可分为 5 个步骤：成立预案编制小组，危险分析和应急能力评估，编制应急预案，应急预案的评审及发布，应急预案的实施。

（一）成立预案编制小组

成立预案编制小组是将企业各有关职能部门、各类专业技术有效结合起来的最佳方式，可有效地保证应急预案的准确性和完整性，而且为企业危机应对各方提供了一个非常重要的协作及交流机会，有利于统一应急各方的不同观点和意见。

（二）危险分析和应急能力评估

1. 危险分析

危险分析是应急预案编制的基础和关键过程。危险分析的结果不仅有助于确定需要重点考虑的危险，提供划分预案编制优先级别的依据，而且为应急预案的编制、应急准备和应急响应提供必要的信息和资料。

危险分析包括危险识别、脆弱性分析和风险分析。危险识别要调查所有的危险并进行详细的分析是不可能的。危险识别的目的是将企业中可能存在的重大危险因素识别出来，作为下一步危险分析的对象。脆弱性分析要确定的是：一旦发生危险事故，企业的哪些地方容易受到破坏。风险分析是根据脆弱性分析的结果，评估事故或灾害发生时，对企业造成破坏（或伤害）的可能性，以及可能导致的实际破坏（或伤害）程度。通常可能会选择对最坏的情况进行分析。

2. 应急能力评估

依据危险分析的结果，对已有的应急资源和应急能力进行评估，包括企业应急资源和应急能力的评估，明确应急救援的需求和不足。应急资源包括应急人员、应急设施（备）、装备和物资等；应急能力包括人员的技术、经验和接受的培训等。应急资源和能力将直接影响应急行动的快速有效性。预案制定时应当在评价及与潜在危险相适应的应急资源和能力的基础上，选择最现实、最有效的应急策略。

（三）编制应急预案

应急预案的编制必须基于企业危机风险的分析结果、企业应急资源的需求和现状以及有关的法律法规要求。此外，预案编制时应充分收集和参阅已有的应急预案，以最大可能减少工作量和避免应急预案的重复和交叉，并确保与其他相关应急预案的协调和一致。

（四）应急预案的评审及发布

为保证应急预案的科学性、合理性以及与实际情况相符合，企业的应急预案必须经过评审，包括组织内部评审和专家评审，必要时请上级应急机构进行评审。应急预案经评审通过和批准后，按有关程序进行正式发布和备案。

（五）应急预案的实施

应急预案经批准发布后，应急预案的实施便成了企业应急管理工作的重要环节。应急预案的实施包括：开展预案的宣传贯彻，进行预案的培训，落实和检查各个有关部门的职责、程序和资源准备，组织预案的演练，并定期评审和更新预案，使应急预案有机地融入所在地区的公共安全保障工作之中，真正将应急预案所规定的要求落到实处。

三、实训要求

（1）撰写企业应急预案。
（2）实训分小组进行，根据班级人数，每组 4~6 人。
（3）各小组派代表上台汇报，接受同学质询。
（4）每组派一名代表担任评委。
（5）老师对各小组的企业应急预案及汇报过程进行评价，指出存在的问题。

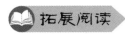 **拓展阅读**

成就企业危机管理经典案例离不开预案

企业危机管理不仅担负着商业主体的危机预警监测、干预防范、控制处理、恢复调整等任务，也是循环往复地对危机管理系统优化的必然过程，更是企业面向公众、媒体、政府，以及各类社会组织的重要公共关系战略的组成部分。

危机公关既作用于公关事务的各个层面与维度，具备公关沟通与传播的特性，同时也发挥着企业与不同公关客体之间互相审视与评价的作用，即公关客体审视企业危机公关的结果将直接影响其对企业的最终评价。

当危机得到遏制并向着较好的趋势演变时，为企业恢复正常运作并回应支持者们的协助，公关人员还要参与企业内部受到影响的部分的协调恢复，以积极的态度和面貌向媒体、公众及其他社会公共关系客体展示企业形象。

而更深层次的工作也在同一时间开展，即梳理遗留或潜在的隐性问题，大多数危机事件的处理是按照权重优先处理以保证危机能快速有效地消除平息，但仍然会存在并未显现出需要进一步处理的隐患，如未能通过确凿证据溯源到的"始作俑者"、未绳之以法的"黑公关"组织、网络上无法撤稿的遗留舆论、部分情绪仍未平静的公众等。

要关心所有利益相关群体的关切，如消费者、公司员工、合作伙伴、同行友商等，坦率、及时、准确地回答问题。一句"前员工揭露"就能推波助澜，而一句"现员工爆料"更能火上浇油。既然危机发生是不可避免的，那就应该坦然面对，并做好预案。

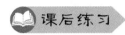 课后练习

一、名词解释

企业危机预警　风险管理　企业诊断　企业逆境预警

二、简答题

1. 简述企业危机预警的相关理论有哪些？
2. 企业危机预警评估体系的构建原则是什么？
3. 企业危机预警管理系统的构建思路是什么？
4. 企业危机预警管理系统的构建原则有哪些？
5. 如何建立企业危机预警分析系统？

三、论述题

1. 试论述企业危机预警的主要内容。
2. 论述企业危机预警的评估方法。
3. 为什么要建立企业的危机管理预警系统？
4. 企业危机预警管理系统要实现哪些目标？
5. 企业危机预警管理系统的构建程序是什么？
6. 企业危机预警管理系统的功能体系有哪些？
7. 企业危机预警系统是如何运作的？

第四章 企业危机处理

某快餐企业促销手段遭质疑事件

2021年11月，某地消费者协会网站发布文章，点名两家快餐企业此前的节日促销手段，扰乱了食品行业的经营秩序。消费者协会认为，这两家快餐企业利用吃套餐得限量款玩偶的销售手段，诱导并纵容消费者不理性超量购买食品套餐，有悖公序良俗和法律精神。据悉，根据这款快餐套餐的销售规则，要想集齐整套玩偶，至少需要购买6份套餐，而其中稀有隐藏款出现概率过小。为此，有消费者不惜一次性购买多份套餐；还有消费者为"求娃"而购买"代吃"服务。

对此，当地官方媒体和主流媒体发文支持中消协，呼吁抵制疯狂的限量款促销手段。但也有网友表示该促销活动是"一个愿买，一个愿卖"，并无问题。

据媒体报道，这两家快餐企业的客服回应称暂无暂停该活动的计划，但会将不理性消费情况反馈到相关部门核查。

该地市场监管局提出该促销套餐的商品实际价值应与其售卖价格基本相当，单个套餐的售价一般不应超过200元。不得以促销套餐的形式抬高普通商品价格。并建议明确促销套餐的售卖规则，鼓励设定保底机制，加强商品售后保障，规范营销炒作行为。

当日，促销套餐的销售商相关负责人对记者回应表示，该企业一贯支持政府为规范市场出台的相关政策。一个健康有序的消费市场应有利于保障消费者的权益。

第一节　企业危机处理的概念

一、概念

企业危机处理是公共关系活动中日益得到重视的管理思想和生存策略，特别是在全球化加剧的今天，企业或组织一个小小的意外或者事故就会扩大到全国，甚至更大的范围内，引起严重后果。

在新时代，企业或组织更应该建立起完备的危机紧急处理系统，并懂得如何运用新的技术全方位地有效传播和收集信息，使损失降低至最低限度。包括两个方面的含义：一是处理"公共关系危机"，二是用企业的公共关系策略和方法来处理危机。

二、危机处理的特点

危机处理是一个动态的、相对的概念。与此相应，对危机处理特征的考察，也应从危机的本质出发，重点把握动态发展、相反相成的矛盾关系。

1. 必然性与偶然性

从本体论来看，危机的形成是必然性与偶然性的统一体。危机的形成是必然的，这是自然世界和人类社会无可改变的客观规律。一方面，随着自身的发展，组织自身的构成要素和运作规则越来越复杂，而运营管理和资源配置能力则永远具有局限性；另一方面，组织赖以生存的外部环境越来越复杂，自然灾害、突发事件等都会对组织造成挑战和威胁，使危机的产生成为必然。导火索和燃点是危机爆发的重要诱因，而两者的出现是偶然的。

2. 渐进性与突发性

从过程论来看，危机的发展是渐进性与突发性的结合。

一般而言，危机的生命周期可分为四个阶段：潜伏期、爆发期、处理期、解决期。与危机的偶然性相关，具体的一次危机往往是突然发生的，一浮出水面，便可能瞬间形成翻江倒海之势。突发性是危机处理的主要挑战之一，要求组织在生存链条的突然断裂中，迅速寻找弥合和修复之道。

3. 破坏性与建设性

从效果论来说，危机影响的破坏性与建设性并存。危机的破坏性有两个方面：第一，有形损害，指财产损失，正常秩序被破坏等；第二，无形损害，指名誉或信用受损。公司在处理危机时可以把损坏公司名誉转变为提升知名度的局面。这样做可以起到警钟作用，认识到自身系统的弊端及外部环境的复杂。危机处理得当会使组织获得公众的同情、理解或支持，重塑良好形象。

4. 紧迫性与公共性

时间紧迫，必须在最短时间内作出反应和决策；资源匮乏，必须在人才不足、财力不够、信息不畅等情况下有效整合和配置资源；涟漪效应，一石激起千层浪，必须形成一整套策略以防止危机的扩散和蔓延。

危机的属性及其可能带来的影响决定了危机一旦爆发会迅即成为社会的公共话语。危机话语传播具备几个特点：一是传播速度快；二是影响范围广；三是信息变频高，误解、谣言、诽谤皆出于此。这三个特点使危机话语处于多变的、不平衡的"传播流"中。组织对危机"传播流"的引导和控制是危机管理的核心内容之一。

三、危机处理的 3T 原则

3T 原则①是危机处理的一个法则，有三个关键点，每个点以"T"开头，所以称为 3T 原则。3T 原则由英国危机公关专家里杰斯特（1995）在《危机公关》一书中提出，强调危机处理时把握信息发布的重要性。

（一）承担责任原则

危机发生后，公众会关心两方面的问题：一方面，是利益的问题，利益是公众关注的焦点，因此无论谁是谁非，企业都应该承担责任，即使受害者在事故发生中有一定责任，企业也不应首先追究其责任，否则会各执己见，加深矛盾，引起公众的反感，不利于问题的解决；另一方面，是感情问题，企业应该

---

①　3T 原则具体为：1. Tell your own tale（以我为主提供情况），强调牢牢掌握信息发布主动权；2. Tell it fast（尽快提供情况），强调危机处理时应该尽快不断地发布信息；3. Tell it all（提供全部情况），强调信息发布全面、真实，而且必须实言相告。

站在受害者的立场上表示同情和安慰，并通过新闻媒介向公众致歉，解决深层次的心理、情感关系问题，从而赢得公众的理解和信任。

实际上，公众和媒体往往在心中已经有了一杆秤，对企业有了心理上的预期，即企业应该怎样处理，公众和媒体才会感到满意。因此企业绝对不能选择对抗，态度至关重要。

（二）真诚沟通原则

企业处于危机旋涡中时，是公众和媒介的焦点。企业的一举一动都将受到质疑，因此千万不要有侥幸心理，企图蒙混过关，而应该主动与新闻媒介联系，尽快与公众沟通，说明事实真相，促使双方互相理解，消除疑虑与不安。

真诚沟通是处理危机的基本原则之一。这里的真诚指"三诚"，即诚意、诚恳、诚实。如果做到了这"三诚"，则一切问题都可迎刃而解。

（1）诚意。在事件发生后的第一时间，公司的高层应向公众说明情况，并致以歉意，从而体现企业勇于承担责任、对消费者负责的企业文化，赢得消费者的同情和理解。

（2）诚恳。一切以消费者的利益为重，不回避问题和错误，及时与媒体和公众沟通，向消费者说明进展情况，重拾消费者的信任和尊重。

（3）诚实。诚实是危机处理最关键也最有效的解决办法。我们会原谅一个人的错误，但不会原谅一个人说谎。

（三）速度第一原则

"好事不出门，恶事行千里。"在危机出现的最初 12~24 小时内，消息会像病毒一样，以裂变方式高速传播。而这时候，可靠的消息往往不多，社会上充斥着谣言和猜测。公司的一举一动将是外界评判公司如何处理这次危机的主要根据。媒体、公众及政府都密切注视公司发出的第一份声明。对于公司在处理危机方面的做法和立场，舆论赞成与否往往都会立刻见诸传媒报道。

因此，公司必须当机立断，快速反应，果决行动，与媒体和公众进行沟通，迅速控制事态，否则会扩大突发危机的范围，甚至可能失去对全局的控制。危机发生后，能否首先控制住事态，使其不扩大、不升级、不蔓延，是处理危机的关键。

（四）系统运行原则

在逃避一种危险时，不要忽视另一种危险。进行危机管理时必须系统运作，绝不可顾此失彼。只有这样才能通过表面现象看本质，创造性地解决问题，化害为利。

危机的系统运作主要是做好以下六点。

（1）以冷对热、以静制动。危机会使人处于焦躁或恐惧之中，所以企业高层应以"冷"对"热"、以"静"制"动"，镇定自若，以减轻企业员工的心理压力。

（2）统一观点，稳住阵脚。在企业内部迅速统一观点，对危机有清醒认识，从而稳住阵脚，万众一心，同仇敌忾。

（3）组建班子，专项负责。一般情况下，危机公关小组由企业的公关部成员和涉及危机的企业高层领导直接组成。这样，一方面是高效率的保证，另一方面是对外口径一致的保证，使公众感受到企业处理危机的诚意。

（4）果断决策，迅速实施。由于危机瞬息万变，在危机决策时效性要求和信息匮乏条件下，任何模糊的决策都会产生严重的后果。所以必须最大限度地集中资源，迅速作出决策，系统部署，付诸实施。

（5）合纵连横，借助外力。当危机来临，应充分和政府部门、行业协会、同行企业及新闻媒体充分配合，联手对付危机，在众人拾柴火焰高的同时，增强公信力、影响力。

（6）循序渐进，标本兼治。要真正彻底地消除危机，需要在控制事态后，及时准确地找到危机的症结，对症下药，谋求治"本"。如果仅仅停留在治标阶段，就会前功尽弃，甚至引发新的危机。

（五）权威证实原则

自己称赞自己是没用的，没有权威的认可只会徒留笑柄，在危机发生后，企业不要自己整天拿着高音喇叭叫冤，而要曲线救国，请重量级的第三者在前台说话，使消费者解除对自己的警戒心理，重获他们的信任。

第二节　企业危机处理程序

一、企业危机处理的步骤

（一）迅速建立危机处理小组

危机发生后，企业应立即根据危机的类型，按照预先制订的危机管理计划，迅速组成由企业高层管理者、相关的职能部门和企业外部专家组成的危机处理小组，并明确规定危机处理小组成员之间的职责分工、相应权限和沟通渠道。必须强调的是，企业高层的直接参与是有效解决危机的关键。一般情况下，企业的一把手或具有决策权的高层领导应该直接担任危机领导小组组长。这是因为企业危机处理工作往往需要进行跨部门、跨地域的协调与资源的配置，往往需要对企业现有的许多正常的业务流程和政策进行变动，才能及时进行信息与资源的重新配置，才能达到迅速解决危机的目的。所以这种跨部门、跨地域的协调工作不是任何一个部门管理人员就能够胜任的，而必须由能够支配协调各个部门的领导出面才能够进行。

具体而言，危机处理工作对内涉及从后勤、生产、营销，到财务、法律、人事等各个部门，对外不仅需要与政府和媒体打交道，还要与消费者、客户、供应商、渠道商、股东、债权银行、工会等方方面面进行沟通。如果没有企业高层领导的统一指挥协调，很难想象这么多部门可能做到口径一致、步调一致、协作支持并快速行动。与此同时，我们认为危机处理小组组建后，首先必须明确负责人，即首席危机官和危机处理期间的发言人。只有这样，才能够使得危机处理指挥体系明确，才能上令下达，群策群力，朝着设定的目标共同努力，才能够集中有限的资源解决危机。反之，如果指挥体系不完善，权责不清，则有可能形成企业内部的冲突而产生不必要的内耗。

因此，危机处理小组必须强调企业内每个关键环节都要有人参与，才能在危机爆发初期比较容易地找出问题所在，尽量避免拖拉、扯皮，尽快地采取措施，才能掌握主动。这就要求危机处理小组成员的组成必须具有如下的基本素质：一是要头脑冷静，反应敏捷，意志坚强，大方自信；二是要专业出色，善于沟通，思维全面，进退有度；三是要客观公正，仪表端庄，精力充沛，身体健康。

（二）收集企业危机信息

收集危机信息就是对可能引发企业危机的各种因素进行系统收集，具体包括过去和现在企业在生产经营方面的信息和外部环境方面的信息。

企业可以从消费者和市场营销、财务、生产、人事等部门尽可能全面地收集显性和隐性的危机信息。事实上，由于企业危机信息本身具有隐性程度高而较难获取、危机信息出现的偶发性与低频率、获取渠道的不固定和企业危机信息不良传播而导致危机更大规模爆发等特征，往往使得企业面对纷纷而至的危机信息本身而不知所措。

（三）企业危机诊断

企业采取适当的程序之前，必须先对危机进行诊断，分析危机的征兆，确认危机。除非这时危机是显而易见的，否则就必须依赖经验和判断力来了解可能遭遇的危机。

然而对于危机的本质，管理层常有不同的看法，他们没有任何公式可依循，但可以从如下四个方面来诊断危机：一是危机所暴露的征兆是什么？二是解决危机必须做何种变革？三是从变革中所期待的结果是什么？四是如何客观地评估这些结果？上述问题的诊断都取决于危机信息的收集。

因此，我们在收集企业危机信息的基础上，可以列出企业可能存在的危机隐患。企业可以借鉴历史上曾经发生过的危机，或者同行类似企业曾经发生过的危机，根据所收集到的企业危机信息，诊断自己的企业是否也存在相同或相似的问题，如生产性意外、环境问题、财务危机、人力资源危机、产品服务危机、客户危机、公关危机等。

（四）制订危机处理计划

危机处理小组的一项重要工作就是根据收集到的现有企业危机信息资料、企业危机诊断结果和企业能够支配的资源来制订危机处理计划。计划必须体现出危机处理目标、程序、组织、人员及分工、后勤保障、行动时间表和各个阶段所要实现的目标。其中还必须包括社会资源的调动和支配、费用控制和实施、责任人确定及其处理目标。计划制订完成并获通过后，处理小组必须立即开始进行物质资源的准备，核心成员必须要立即而又迅速地奔赴危机事件现场，展开全面的危机处理行动。

（五）必须明确表明处理危机的诚恳态度

"态度诚恳"即第一是态度，第二是态度，第三还是态度，表明企业做事的一种态度。尽管企业对导致危机发生的原因、影响程度、范围尚未确定，但当企业本着诚恳、负责的精神呈现在社会公众面前时，就会减少公众或受害者的反感和不满。与此同时，在企业危机事态尚不明朗之前，企业对外的表态应尽可能原则化而避免注重细节。在可能的情况下，企业表态必须要有一定的前提条件，以避免自己陷入被动的局面。否则，企业的表态不仅不可能达到预期的目的，反而可能会加速企业危机的进程，导致企业的毁灭。因此，当企业危机爆发时，利益相关者和社会公众不仅仅只是关注事实真相，在某种意义上更关注当事人对危机所采取的态度。

（六）确认危机处理方案

企业在对利益相关者和社会公众表明企业危机处理态度的同时，核心成员奔赴危机事件现场后，还必须立即对所收集到的危机信息进行整理和分析，对危机信息进一步地了解和核实，并在此基础上形成对所面临危机的正确认识，这是有效的危机处理方案形成的前提。如果发现有关事实与汇报不符，就须立即有针对性地调整危机处理计划。也就是说，核心成员需要在危机现场重新对已制订的企业危机处理方案进行再次确认或修正。

核心成员在再次确认或修正企业危机处理方案时，必须尽快查明危机爆发的真实而具体的原因，了解危机发生的详细进程，了解和确认企业危机受害者的具体情况，并对危机所造成的实际损失程度、危机扩散的可能性、危机对企业的不利影响、相关公众反应等因素进行必要的评估。在此基础上危机处理小组必须对制订出的危机处理方案进行再度确认或修正，并迅速实施，以确保危机处理能够遵循所确认的企业危机处理方案有序地进行。通常危机处理方案主要包括确立危机处理的目标和原则、危机处理策略、有关赔偿方法、危机沟通、危机恢复策略、合理的资源配置等内容。也就是说，企业危机处理方案必须能够妥善地解决企业与媒体、行业协会、主管部门、经销商、消费者、竞争对手之间的关系，并能够有效传递正确的信息。

（七）实施危机处理方案

企业必须在危机爆发后，按照已经确认的危机处理方案的具体要求和时间，有组织地安排危机处理方案的落实，特别是危机处理小组的成员要在分工协作的基础上各司其职，力求尽快阻止或减少危机继续所造成的损失。因此，危机爆发后实施的企业危机处理方案的任务就是尽可能地阻止或减少人财物的继续损害而产生的连锁反应，减少或避免危机所造成的人员伤亡。由此可见，科学而迅速地实施企业危机处理方案的重要性是非常显而易见的。

由于危机类型的不同，危机处理实施的重点也是不同的。在千头万绪中，不仅要面面俱到，而且要重点突出。我们认为在危机方案的实施过程中，首先就是要设法隔离危机，才能够阻止危机的蔓延和连锁反应。也就是在企业危机事件尚未在媒体曝光时，就必须能够控制它的影响，在对危机进行充分调查的基础上，根据法律和公理，果断作出处理决定。在这一阶段，企业可以在合理合法的前提下，适当让步，争取以最小的牺牲来换取危机的快速处理，以免因事态的进一步恶化带来无法控制的企业声誉损失。

其次就是要分清主次，有重点地采取行动。既要有全局的综合判断，又绝对不能有疏漏关键之处。因此，在危机的处理过程中，就必须对有关影响要素加以具体诊断，分清轻重缓急，抓住主要矛盾。这种危机综合诊断方法，既要考虑到危机已造成的影响，又要考虑到危机将可能造成的影响，但主要还是基于将来影响的考虑，需要具有一定的前瞻性。与此同时，还必须认清危机是一个动态的发展过程。随着危机处理工作的不断进行，那些在原先诊断过程中综合评分很高的危机部分在危机工作人员的努力下已经得到较好的解决。

知识卡片：危机公关处理方案步骤解读

第一个原则是时间快。这个非常重要，20 年前，日报和晚报是最主流的媒体，24 小时内只出版一张报纸，前一张报纸报道了问题，第二天反映就可以了。现在是互联网时代，社交媒体时代，出现了问题，网络上很快就会炒得很热，事情很快造成巨大的负面影响，很可能上了热搜，现在不是"黄金 24 小时"了，有人说是"黄金 24 分钟"，有人说是"黄金 4 小时"，公关团队是 24 小时值班的，出现问题要马上处理。第二个原则是给事实。坦诚真挚讲方法，错了就是错了，对了就是对了，真挚就是要让别人看到企业其实是有良心的，是真正在说实话的，而不是说谎。第三个原则是讲方法。有很多人会聊天，有很多人不会聊天，会聊天的人情商很高，会聊天在公关中就是沟通的根本，在写危机公关文案的时候，足够讲究方法，说得有理有据，又不焦虑，又不纠结，这个就很成功了。第四个原则是给态度。所有的质量问题都是态度问题，企业态度不够端正的话，会让很多用户丧失信心。第五个原则是给服务。之前服务不好，之后一定要去改进。第六个原则是给答案，不仅认错，而且说出怎么错了，让大家看到行动，以后如何去规避这样的事情。

二、企业危机处理的技巧

（一）传统危机处理技巧

与危机事件的放大离不开传媒一样，危机公关的实施同样要借助传媒。因为，企业对危机事件所作的"澄清"和"改正"，只有通过媒体才能被公众知晓，才可能扭转不利的局面。而在这个过程中，传播技巧的巧妙运用，会对危机事件的尽快平复起到至关重要的作用。

1.在最短时间内，及时表明态度

按照危机处理的"24 小时法则"，企业应在 24 小时内公布处理结果，如不然，则会造成信息真空，让各种误会和猜测产生。

危机处理的传播原则应该是迅速而准确，这就有了两种时间选择：危机发生的第一时间和危机真相大白的时候。危机发生后，企业要很快地作出自己的判断，给危机事件定性，确定企业公关的原则立场、方案与程序；及时对危机事件的受害者予以安抚，避免事态的恶化；同时要在最短时间内把企业已经掌握的危机概况和企业危机管理举措向新闻媒体作简短说明，阐明企业立场与态度，争取媒体的信任与支持。要避免一个误区：在真相出来之前，尽量避免接见媒体。其实，就算你不接触媒体，媒体也会编出种种理由作推测，国内不少危机风波的升级正是没有及时控制不利信息传播的结果。

2.讲究说服技巧，选择可信度高的信源，尽快消除公众的信任危机

传播学开创者霍夫兰从大量的实证调查中发现，信源的可信度越高，其说服效果越大；反之，则越低。尽管不能忽视休眠效果的存在，但在危机发生时，公众是渴求权威信息的，等到人们静下心来仔细思索整件事情的处理过程时，或许危机已经过去；即使危机仍未消除，但来自权威的声音至少安抚了很大一部分人的情绪，为其他方案的实施争取到了短时间的稳定局面。因此，寻找相关产业权威人士和权威部门的支持，并及时发布他们所持的对本企业有利的观点或检测报告，也是进行危机处理时不可缺少的一环。

另外，在危机的处理过程中，企业高层领导人及时露面，对缓和危机也起着不小的作用，特别是在危机尚未恶化之前，作用尤其明显。如1999年在比利时发生的可口可乐中毒事件的危机处理中，可口可乐公司是派出了以行政总裁华莱士为首的公关团队来应对危机局面的。在新闻发布活动中，高层人物的出面会加强媒体和公众对于企业负责任态度的好感，同时易于及早在危机尚未恶化的情况下作表态承诺，改变事态发展方向。对于企业来说，管理高层人物的出面，使得危机公关传播的效应更加卓著，对危机处理进程起着关键的推动作用。

3.统一口径，对外只能发出"一个声音"

在危机来临时刻，企业内部很容易会陷入混乱的信息交杂状态，不利于形成有效的危机传播。因而形成一个统一的对外传播声音是形势要求的必然结果。新闻发言人专门负责与外界沟通，只有经过他所发出的声音才是企业的最终决定，才是向新闻媒体公开的内容，其他人绝不能够随意代表企业发表意见，只能维护、服从新闻代言人的权威。尤其是面对新闻媒体，一定要及时、准确、

口径一致地按照企业对外宣传的需要把信息发布出去，形成有效的对外沟通渠道。这样，就可以避免危机来临时对外宣传的无序、混乱以及由此可能产生的公众猜疑，便于企业驾驭危机公关信息的传播。

4.根据危机进程，精心选择媒体，快速有效地遏制危机

媒体选择是企业媒体危机处理的另一个决定成败的细节问题，视事件大小及危机的严重程度，媒体选择也有不同的思路。大型企业的抗危机能力一般比较强。即使危机出现，处理也显得游刃有余。

（二）网络危机处理技巧

网络危机处理有各种手段，但欺骗受众的危机处理，最终会伤及客户和公司自身。

大多数人在用自己的态度作出选择时会有一种趋同心态，当个人的意见与其所属群体或周围环境的观念发生背离时，个人会产生孤独和恐惧感。于是，便会放弃自己的看法，逐渐变得沉默，最后转变支持方向，与优势群体、优势意见一致。这个过程不断把优势意见强化抬高，确立为一种主要意见，形成一种螺旋式的过程。在网络时代，一些试图控制并且改变网络"沉默螺旋"的手段被称为"网络危机公关"。

1.删帖，终止信息在网络上的流传

在前互联网时代，事件从发生再到经由媒体放大到全国范围并产生影响需要相对较长的时间，信息的传播是单向的，危机公关速度往往可以赶超事件传播的速度。而在网络时代，信息的交流是立体的，受众可以通过搜索引擎搜索，也可以在微博、小红书、抖音上讨论自己所知道的危机信息。

有研究者将此种信息传播速度称为恐怖的"病毒式传播"，而传统的例如试图通过召开新闻发布会达到"正本清源"目的的危机公关方式显得力所不逮。

网络危机公关的第一个技术手段就是通过减少网上相关的信息量，来达到控制危机扩大的可能性。

2.割断搜索引擎

网络时代的信息传播，在很大程度上依赖于搜索引擎。搜索引擎是所有网

站的集结地。网民通过搜索引擎获知来自其他信源的、同一关键词的信息。一个关键词在搜索引擎上所能找到的查询结果的数量，直接指涉该关键词在网络上的热度和关注度。

割裂搜索引擎未必一定要搞定百度这样的搜索引擎运营商。另一种手段，通过公关门户网站，也可以导致搜索引擎无法搜索到一些网页，从而达到减少某些网页被大众看到的目的。

3. 正面信息往前放

"删稿子"包括割断搜索引擎，是一些小公关公司喜欢做的、技术含量比较低的网络危机公关手段。

在某些人看来，另一种被称作 SEO 的网络营销手段，才是更隐蔽的网络危机公关技巧。所谓 SEO，即搜索引擎优化，公关公司可以依靠自己同搜索引擎运营商的良好关系，把自己客户正面的信息往前放，把负面的信息往后放。

4. 人肉枪手

通过割断搜索引擎来抑制螺旋上升，从某种角度上讲，是被动防御的办法。危机仍然可能因为其庞大的侵略性，螺旋升级直至失去控制。这就需要一种主动出击的网络公关模式。有公关公司的职员在接受外媒采访时透露，他们往往雇佣一些在校大学生发帖子制造自己需要的声音。"通过论坛和游客宣传每天至少发帖 50 篇，每帖一元钱左右。"在网上，人们将此称作"枪手"。

5. 纸里包不住火，承认事实

不管是何种网络危机公关手段，都无法弥补企业自身经营上出现的重大失误。不逃避，不推卸，认真负责才是危机公关的核心所在，从诚信出发，对消费者负责，才是能取信于人的态度，也才是真正解决问题的方法。

知识卡片：企业危机公关策略保障企业声誉和品牌形象

任何一件事物都具有其自身的特性，并且在不同时期以及背景下将会呈现出不同的形态。根据此种事物发展特殊性的理论能够得出，在不同时期背景下，企业在面对危机事件时作出的公关策略也应随之改变。

1. 建立健全危机预防机制

在企业的发展过程中，除了要考虑如何获得更多的经济效益，实现长远发展之外，还应做到"居安思危"。首先，建立健全危机预防机制，引起全体员工的重视，使其能够充分意识到自己的一言一行将与企业的整体形象密切相关，进而提升整体公司的危机抵御能力。其次，建议建立相关法规制度，管理人员应加强市场调查和监测，对微博、小红书、抖音等具有较大影响力的大型网站和平台给予高度关注，看其中是否存在危机的势头，一旦发现异常情况，应立即将其扼杀在摇篮之中，以免其扩大对企业产生危害。

2. 借助媒体化解危机

当今社会，任何形式的企业危机以及品牌危机等都将以媒体的渠道进行报道，在危机传播的过程中，各种各样的舆论声势将会为企业带来较大的负面影响，对于此种状况，企业不能一味地采取沉默应对的措施，应加强与媒体和公众之间的交流，将真实情况进行阐述，并且拿出有力的证据将流言蜚语逐一击破，以此来捍卫自身的品牌信誉和企业形象。

例如，在关于某企业奶牛染病的事件中，该企业将真实情况向媒体进行吐露称：当地政府已经针对此事成立了专门的调查小组，并且对牧场中的全部奶牛进行了健康检查，结果显示均无异常现象，因此奶源质量并未受到任何不良影响。此声明一出，社会中的各种不良舆论和谣言自然不攻自破，同时这一事件也说明了企业采用正确公关措施的重要性，应敢于面对媒体，借助媒体的优势进行危机的有效化解。

3. 加强建设，培养人才

目前，随着社会经济的迅猛发展，社会中各行各业的市场竞争变得日益激烈，企业若想获得一席之地，则需加强自身品牌和产品的建设力度，提升自身的综合竞争实力，这样做将能够获得人们更多的信任，当企业发生危机时，人们的信任度将会成为阻挡危机的有力武器。此外，当前激烈的市场竞争其实质是人才的竞争，企业要想实现创新发展则需要大量高素质、专业化人才的支持。

因此，企业应加强对创新型公关人才的培养力度，使其能够适应新媒体环境下的危机状况，并且树立公众导向意识，以公众的利益为重。在危机到来时，能够灵活运用媒体技术和传播手段，加强与公众和媒体的沟通，进而使危机问题得以良好妥善的处理和解决，保障企业的声誉和品牌形象，将危机造成的损失降到最低。

第三节 企业危机处理阶段及模式

一、危机处理的基本模式

1. 平衡模式

平衡模式认为危机是一种心理失衡状态，危机干预的目的和策略是使个体恢复到原来的心理平衡状态。平衡是指个人情绪是稳定的、受到控制的，心理活动是灵活的。不平衡则是指一种不稳定的、失去控制和心理活动受限制的情绪状态。当个体用以往的方式不能解决目前的问题时，会出现心理或情绪的失衡。危机干预应该使危机个体的负面情绪得到宣泄，从而恢复到危机前的状态。在危机刚刚出现时，个体措手不及不知道如何解决问题，此时危机干预者的主要任务是使其情绪得到稳定，之后再进行干预使其获得应对危机的能力。只有当个体自己觉得情绪稳定并持续一周左右时，才能继续往下进行干预，在此之前不宜分析个体产生危机的深层原因。平衡模式适合于危机的早期干预。

2. 认知模式

认知模式源于埃利斯和哈伯（Ellis & Harper，1975）的理性情绪疗法，适合于危机稳定后的干预。认知模式认为，心理危机的形成不是事件本身引起的，而是个体对应激事件的主观判断，人们对危机事件错误歪曲的思维是干预的重要对象。通过校正错误的思维方式，帮助危机个体克服非理性思维与自我否定，提高自我控制的能力，获得恢复平衡的信心。因此，危机干预者要通过角色训练等技术使危机个体变得积极主动，调动自我潜能恢复心理平衡。这一模式适合于危机趋于稳定后的危机个体。

3. 心理社会转变模式

心理社会转变模式认为人是先天遗传和后天学习以及环境交互作用的产物，危机的产生也是由心理、社会、环境因素引起的，危机应对和干预应从这三个方面寻求方法，要求从系统的角度综合考虑各种内部外部困难，帮助个体选择新的应对方式，善用各种社会支持与环境资源，重新获得对自己生活的自主控制。这一模式同样适合于已经趋于稳定的个体。

二、企业危机处理的四个阶段

对于危机管理而言，任何问题的发生均有先兆，危机的发展也有生命周期。通过将事态的发展分为几个阶段，并且在不同的阶段施加影响，解决问题和化解矛盾的方法即变得清晰可辨。

随着问题的进展，经过不同的阶段，事态发展要求企业去解决的压力越来越大，因为问题带来的影响越来越大。如果企业采取及时的干预行为，一个问题可能会发展到一定阶段就不再向下发展了，但更多的可能是，因为企业该干预而没干预或者干预不力，则使问题继续发酵，从一个阶段演进到下一更高阶段。

1. 问题发起——危机初期

第一阶段，问题产生。这个时期，麻烦还没有完全形成，所以还没有达到足够引起专家或者公众注意的程度。这时重要的是要严格监控。对于潜在问题的早期识别异常重要。企业通常会有很多问题，出现问题如果不及时干预，必会酿成更大的麻烦。这个阶段，一般没有媒体和公众的介入。

2. 问题发酵——稳定期

第二阶段，问题越来越清晰。先是专业媒体以及行业专家、专业人士的介入。这是问题凸显的阶段，事态在逐步扩大，要求企业处理问题的压力越来越大。但是，如果此时组织进行干预的话，还是可以抑制事态的进一步扩展。

这时比较难于掌握的同样是事件紧迫性的定性，也许企业领导人的注意力放在自认为更大更紧迫的问题上了，而当下的问题却没有得到充分的重视。

与第一阶段不同的是，此时开始有了舆论的参与。在问题进入下一阶段之前，媒体参与的程度决定了它的影响程度。还有，此时时间也是一个重要的因素。一般认为，这个时间最佳的做法是开始启动一般的避险程序，危机领导小组开始行动，制订应急计划。

3. 问题爆发——抢救期

第三阶段，问题发展成熟了，事态全面爆发，大众媒体的介入，特别是高频率的社评和报道掀起高潮。这给企业的经营活动和品牌声誉造成了巨大损失。

现在再要影响它的进程已经不大可能，任何干预行为都需要相当长的时间才能奏效。此时迅速决策是当务之急，危机管理小组要切实担当起领导危机处理的职责。

4.问题解决——危机末期

问题一旦进入第四阶段，其实已经到了"要么立马解决，要么立马死掉"的阶段了，也就是说，危机已经变成危难了。此时压力达到顶点，应该的做法，除了不惜一切代价停止危机外，剩下的就是"亡羊补牢"的功课了。

三、企业危机各阶段的处理策略

（一）危机初期——深入现场，了解事实

危机发生的初期，社会组织和有关公众对信息了解模糊不清，所得到的信息可能前后矛盾。这些前后矛盾的信息容易引起社会公众对企业或社会组织的误解、偏见，甚至敌视。不过，这时公众还没有介入行动。公共关系人员也没有介入具体的危机抢救工作。这时社会组织应高度重视，立即成立危机事故处理小组，这是有效处理危机的组织保证。该机构的组成人员包括组织负责人、公共关系部门负责人和经过培训的新闻发言人等具体工作人员。这时，社会组织的高层领导应该亲临危机事故现场，了解事实真相，最好是率领专业人员用最快的速度展开调查，确实弄清危机事件发生的时间、地点、原因、人员伤亡、财产损失等情况。

（二）稳定期——确定对策，发布消息

当掌握了危机事件的第一手资料，清楚了公众和舆论的反应后，社会组织应在高层领导人的直接参与下，深入研究和迅速确定一系列对策和措施。这是危机处理的一大关键。确定的对策既要考虑危机本身的处理，又要考虑好如何处理危机涉及的各方面的关系，更要考虑如何抓住所蕴含的机遇，恢复声誉，重返市场。在对策确定之后，就要不失时机地召开新闻发布会或记者招待会。一方面，向新闻媒介公开危机的有关情况，在这里要注意，一定要坦诚地对待新闻媒介，无论是好消息还是坏消息都不要隐瞒，要公布真实

的调查结果，同时还要公布公司正在采取的措施；另一方面，恳请新闻媒介密切合作，防止不利的消息和舆论。为此，要指定新闻发言人代表公司"以我为主"公布信息，使信息传递口径统一。根据以往经验，新闻发布会要召开多次。在这一时期要尽可能诚恳地与受害公众和各方面的公众沟通，争取公众的理解。

（三）抢救期——控制事态，减少损失

抢救期是危机灾难发展到顶峰的时期，抢救工作进入关键阶段。在此时期，社会组织应按时把抢救工作的最新消息传送给新闻媒介。在发表消息时，一定要坚持"公开事实真相"的原则，以避免新闻媒介和社会公众的猜测、质疑。抢救期短则一两天，长则持续几个星期或更长时间。在这一时期，社会组织应通过危机事故处理委员会有条不紊地去理顺各种关系，如争取公正、权威性机构来帮助解决危机，确保社会公众对企业的信任；设法使受到危机影响的公众站到企业组织的一边，帮助企业解决有关问题等。这样做的目的是控制危机事件向不利方向发展，尽量使事态向有利于本企业的方向转化。在考虑损失时，既要看到有形的，又要看到无形的。可以说，失去公众信赖、失去市场、丢掉发展的机会是最大的损失。

（四）危机末期——处理善后，总结教训

在危机末期，危机处理小组有三项重点工作。第一，是安顿人心、对受害公众给予赔偿、安慰、关怀，和广大客户和消费者加强沟通，此项工作应做得十分细致周到，而且要换位思考，以情动人。第二，是对危机处理情况作全面调查、评估，并将检查结果写出详细的书面报告，以便向董事会和股东汇报，向公众和媒介公布。有些重大事故也可采取刊登广告的形式检讨自己。通过总结检查，找出企业在危机管理方面存在的问题或薄弱环节，并将一些经验教训写成书面教材，日后用它来教育员工，进而吸取教训，唤起全体人员对危机的重视。另外，还要进一步修正危机管理计划。第三，是提出恢复社会组织形象、恢复产品信誉、重返市场的具体措施和计划。

第四节　实务演练

一、案例分析：女车主维权事件

（一）事件经过

2020 年 5 月 10 日，某汽车车主李女士在某地汽车展销会举着"某品牌企业汽车漏油，车辆耗油异常"的条幅，并要求该品牌汽车企业出具该品牌汽车的监测数据，随后被当地派出所处以行政拘留三日的处罚。5 月 11 日，国家市场监管管理总局督促指导当地依法处理该汽车车主维权事件，当地市场监督管理局责成该企业立即出具该汽车的监测数据。5 月 12 日下午，该品牌汽车向媒体公开该汽车的油箱监测数据，随后，维权女车主的家属表示该品牌汽车将数据公布之时并未与其取得联系，提前并不知情。5 月 15 日，车主李女士对自己不当维权行为表示抱歉，同时还对该汽车品牌近日公告内容表示质疑。该事件引爆舆论，"破窗效应"随即而来，多地该品牌汽车的维权事件相继曝出，例如，福建福州一该品牌汽车车主称因车辆刹车失灵引发车祸、一人重伤，四川成都一车主车身挂横幅维权，苏州一车主称因汽车内部材料甲醛超标引发重度过敏反应等，此类事件再次加深了消费者对该品牌汽车质量问题的质疑。

此案例具有较高的代表性，具备了企业危机事件所带有的公共性、突发性、复杂性等显著特征，引起了企业的高度关注，同时也引起了较大的社会影响。并且针对该事件的舆情形成迅速、负面的传播规律，造成的风险需要通过具体的案例分析来进行阐述。事件的经过如下：

5 月 10 日某地车展首日，某地车主举着"某品牌企业汽车漏油，车辆耗油异常"的条幅，在该品牌汽车的展台旁边维权。

5 月 11 日 21 时 35 分，该品牌汽车通过微博回应称，近期听到很多中肯的意见和批评，我们将诚恳接受；但对不合理诉求不妥协。

5 月 12 日 20 时 15 分，该品牌汽车微博表示，尊重并坚决服从政府各相关部门的决定，尊重消费者，遵守法律法规，积极配合政府各相关部门的所有调查。为此，已成立专门处理小组，专事专办，努力在合规合法的情况下，尽全力满足车主诉求，让车主满意。

5月14日20时52分，该品牌汽车微博表示，已主动与当地市场监督管理局联系并汇报相关情况，为了维护消费者的权益，愿意全力配合，提供维权车辆的监测数据给第三方鉴定机构或政府指定的技术监管部门及消费者本人。

5月15日21时15分，该品牌汽车微博公布最新进展和数据。

5月16日8时10分，媒体采访该维权车主家属，他表示不认可该品牌汽车提供的油箱监测数据。

5月17日14时5分，该品牌汽车企业回应数据质疑，表示车辆油箱数据是该车辆网关读取车内各部件信号并以加密形式存储的，无法直接读取、修改、删除相关数据。在出现产品质量纠纷时，企业会依法提供真实、完整的车辆数据。

5月20日9时15分，该品牌汽车发布该事件沟通进展及事件说明，以企业的视角阐述与"维权女车主"的沟通过程。

6月2日10时15分，维权车主起诉该品牌企业，要求道歉并索赔6万元。此外，她还敦促该汽车企业能够依照法律法规，尽快履行监管部门的责令；希望后者尽快提供完整的油箱监测数据，找到发生事故的根本原因。她还表示，接下来会把之前企业提供的不完整数据公布。

这起维权风波有一个不短的发酵过程，涉事车主的车辆2020年2月发生油耗过大事故，事后车主走上维权之路。企业方面称双方已有过多次沟通，但并未达成共识。维权现场，涉事车主的一系列行为以及被拖走的画面具有强的冲击力。车主发现车辆质量问题或出现漏油事故后认为车辆质量不过关，向经销和生产企业索赔和维权，历来是一个"老大难"问题。这是由于车主在各方面都处于弱势地位，因而常有把事情闹大才能解决问题的想法和做法。

（二）公关总结

整起事件在当事人与汽车公司达成和解之后基本告一段落。这是一场典型的用户维权引发的公关危机。危机由于当事人的视频意外爆红而愈演愈烈，受到大量媒体关注、网友支持。这使得当事人在此次事件中掌握主动权。公关方在此次事件中一直处于被动，缺乏媒体主动权。这与汽车公司迟缓的公关反应不无关系。最终事件虽然达成和解，但是对该品牌汽车形象的负面影响一时却难以消退。

思考·讨论·训练：

1. 该事件中的女车主是采用什么样的方式实现维权的？效果如何？

2. 梳理整个事件中消费者、经销商和品牌方三者之间的关系，如何处理这三者之间的关系？

3. 结合案例分析该品牌汽车在处理此次危机时存在哪些不足之处？

二、技能训练

1. 事件背景

2018 年 4 月 12 日，两位非洲裔美国人在美国某咖啡店等待朋友，其间一直没有点餐。当他们欲借用店里的厕所时，遭到店内员工的拒绝，理由是其未在该咖啡店消费，所以不能"享用"厕所，店员还要求他们离开该咖啡店。但这两位非洲裔美国人一直待在店里不肯离开，随后店员报警。警察闻讯赶来后，用手铐将两位非洲裔美国人带走，在扣留数小时后对两人予以释放。有在场顾客将事件经过拍摄成视频，随后在社交媒体上播发，引发社会广泛关注，尤其是两位非洲裔美国人被警察用手铐带走的画面，被网友广泛传播。许多人认为，"店员报警和警方逮捕只是因为肤色问题"。两位非洲裔美国人的律师称，两人原本约在咖啡店谈业务，之所以未点餐是因为在等待其他朋友的到来。

4 月 15 日，该城民众在该咖啡店前对此前两名黑人在咖啡店被警察带走的事件进行抗议。

4 月 16 日，数十名示威者冲进事件发生的咖啡店，手持标语，高呼抵制该咖啡店的种族歧视行为的口号，要求该咖啡店开除涉嫌种族歧视的员工，要求警方追究逮捕黑人的警员。抗议活动导致该店营业一度中断，一时间该咖啡店歧视黑人的说法不胫而走，并在媒体上愈演愈烈。

如果你是该咖啡店的危机公关经理，请你制订一份危机响应计划。

2.实训步骤

第一，通过查询该企业的相关资料，撰写危机响应计划的序曲部分，包括以下几个部分。

（1）封面：计划名称、生效日期及文件版本号。

（2）总裁令：由公司最高管理者致言，并签署发布，确保该文件的权威。

（3）文件发放层次和范围：明确规定文件发放层次和范围，确保需要阅读或使用本计划的人员能够正确知悉本计划的内容。同时文件接收人应签署姓名和日期，以表明对本计划的认可。

（4）关于制订、实施本计划的相关管理制度：包括保密制度、制订、维护和更新计划的方案、计划审计和批准程序以及启动本方案的时机和条件。

第二，了解事件的起因、发展过程、结果，撰写危机响应计划的正文部分。

（1）危机管理的目标和任务：主要是对建立危机管理体系的意义、在企业中的地位和要达成的目标进行描述。

（2）危机管理的核心价值观和企业形象定位：这是企业进行危机管理的纲领。强生公司在"泰诺"中毒事件中成功的关键是有一个"作最坏打算的危机管理方案"。而这一危机管理方案的原则正是公司的信条，即"公司首先考虑公众和消费者的利益"。这一信条在危机管理中发挥了决定性的作用。希尔顿饭店为长远发展订下了两条原则：一是顾客永远是对的；二是即使错了，请参看第一条。希尔顿把顾客摆到了绝对没有错误的位置上，真正体现了消费者至上的理念。

（3）危机管理的沟通原则：危机管理的核心是有效的危机沟通，是保持对信息流通的控制权。危机管理的沟通原则包括内部和外部沟通原则，为危机管理的沟通定下基调。

（4）建立危机管理小组：一是确定首席危机官或危机管理经理；二是确定危机管理小组的组成人员，并对各成员的权利和职责进行描述和界定；三是培训和演习方案；四是替补方案，即如果在危机发生后，危机管理小组成员因故不能履行职责时，人员替补方案及计划变通方案；五是外部专家组成员；六是指挥、沟通与合作程序。

（5）危机管理的财物资源准备：一是危机管理计划的预算，包括危机管理小组的日常运转和费用、危机管理设备的购买、维护和储备的费用以及危机管理计划实施的费用；二是财物资源的管理，由谁管理，通过何种途径获得，如何使用等；三是财物资源的应急措施，即当企业所储备的资源用完后，应如何获取相应资源；四是财物资源的维护制度，如定期检查、修理或更换制度；五是财物资源的使用制度，由谁使用，如何使用等。

（6）法律和金融上的准备：紧急状态下在法律和金融方面的求助程序。

（7）危机的识别与分析：一是识别危机，对企业的薄弱环节及内外部危机诱因进行列举；二是分析危机，对危机发生的概率、严重性进行分析和评估。

（8）危机的预控措施：一是预控的政策；二是检查和督促。

（9）危机的发现、预警和报告程序：一是建立危机预警体系的程序；二是由谁建立、改进和维护危机预警体系；三是如何界定危机信息；四是危机信息汇报的原则和程序；五是危机预警后的反应措施。

（10）危机的应变指挥程序：界定不同的危机应变方式和危机管理人员的应变职责。一是启动危机管理程序；二是确定危机应对方案，如何减少损失和消除负面影响；三是确定危机管理小组成员工作的原则和程序；四是信息汇报制度；五是决策制度；六是人、财、物的调度制度；七是内部和外部沟通制度和程序；八是求助程序，即向哪些机构或组织寻求帮助。

（11）恢复和发展计划：一是恢复和发展的原则；二是危机带来哪些长期影响，如何消除影响；三是如何恢复正常的组织运营程序和经营活动；四是危机管理小组成员在危机后的工作安排；五是回答员工关心的问题，统一员工思想；六是解除外部公众和媒体的疑问；七是稳定债权人、股东、供应商和经销商队伍，争取他们的支持；八是积极与政府部门配合；九是赢得竞争对手的尊重。

（12）危机管理的评估：危机结束后，对危机管理的评估程序。一是文件存档；二是评估损失；三是检讨危机管理行为。

第三，结合企业危机响应计划的内容，撰写附录部分。包括：一是流程图，危机管理各流程的图表；二是应用性表单，整个危机管理程序所涉及的环节中必须应用的表单，如危机记录和监控表单、危机汇报表单等；三是内部联络表，危机管理人员的姓名、职位、联系方式及职责；四是外部联络表，在危机应对过程中，外部相关组织（如政府、行业协会、银行、保险公司、供应商、经销商等）的联络方式。

三、实训要求

（1）撰写企业危机响应计划。

（2）实训分小组进行，根据班级人数，每组 4~6 人。

（3）各小组派代表上台汇报，接受同学质询。

（4）每组派一名代表担任评委。

（5）老师对各小组的企业危机响应计划及汇报过程进行评价，指出存在的问题。

企业危机管理的十二条黄金法则

任何企业都避免不了在某一时刻面临某种公共关系危机，而企业的回应方式可能会带来形象提升或是品牌的严重损害，甚至对业务也产生极大的影响。特别现今时代，负面新闻一旦传播出去，组织就需要做好准备，利用所有可用的平台快速有效地应对任何公关危机。

1. 承担责任

不要试图掩盖公关危机，这只会加剧损害。相反，应通过承担责任来控制局面，立即作出反应并给出反馈。要承认民众的关切和问题，并以正确的谈话作出回应。撰写新闻稿并发布在社交媒体上，以控制情况并使信息可见。

2. 积极主动，透明，负责任

在当今社交媒体的实时世界，以及随处可见的评论界中，声誉管理比以往任何时候都重要，并且它在瞬间就可能丢失。任何危机沟通的原则都是积极主动，透明并负责任。实施时要做到：承认事件，承担责任，并道歉。

3. 准备好迎接社交媒体的冲击

公司做的最糟糕的事就是忽视社交媒体可能引发的风暴。小型公司可能对此更加不重视，特别是那些在社交媒体上并不活跃的公司。不能因为某家公司不经常在社交媒体上进行营销，就认为他们的客户在公司遇到问题时不会在社交媒体上搜索有关内容，一定要有管理社交媒体的计划。

4. 让人感受到诚意

如果企业只是表示"会关注此事"，这并不会让任何人感觉更好。企业只有表示对所发生的事情感到非常抱歉，并且努力使事情变得更好，这才让人感到企业的诚意。然后，立即分享企业将如何实施政策，以免事情再次发生。企业必须在人们对品牌失去信心之前快速行动。

5. 道歉先行，行动在后

一个诚挚的道歉是事情推进的关键。否则只会让怒火持续燃烧，并延误改变事情的走向。在公开道歉之后，公司必须提出行动呼吁。必须做一些实质性的事情来证明公司正在努力改变前进的路上。

6. 监控、计划和沟通

让公关团队保持高度警觉，并始终在第一线进行监控。一旦他们注意到负面消息，那么启用已经完善好的危机计划，用准备好的材料积极回应社会。永远不要让执行人员出错并让事情更糟，但要鼓励他们立即用预先确定好的内容进行道歉。

7. 先去了解情况

向主要的事件相关者了解所有有关细节。当要求企业评价时，不要回复"无可奉告"。即使企业仍在评估目前的情况，只需如实说出来即可。如果企业在这个问题上没有发言权，那么人们会立即设想出罪责或作出自己的假设。此外，要认识到何时需要改进运营，并且对于如何解决这种情况保持透明。

8. 先听听公关团队怎么说

特别是当公司的品牌和声誉受到威胁时，公司很容易处于被动。应该与公关团队商量对策，如果有一个优秀的团队，他们会写出可以立即使用的回应声明。

9. 发展强大的组织品牌文化

发展强大的组织品牌文化，可以防止出现危机。责怪一线员工总是出现问题很容易，但他们不应该为不良的品牌文化负责。一个对顾客很糟糕的组织品牌文化，也可能对员工很糟糕。深入了解组织文化和服务交付，会发现品牌体验的下降总是开始于顶端。

10. 让你的粉丝平静下来

当企业发生危机，激怒粉丝之后，危机管理的第一条规则就是让他们冷静，不要火上浇油。退一步，把自己放在消费者的处境中，问道："如果这件事发生在我身上，我会感觉如何？"换位思考是处理危机情况时最好的公关建议。它确保我们做正确的事情，并且在正确的节奏上。

11. 避免膝跳反应

公司、品牌代表或有影响力的人员难免会提供情绪化的、有点疯狂的回应。当企业监测到危机时，对社会保持沉默也并不是坏事。冻结所有外部沟通，直到可以评估目前正在发生的事情。确保危机发生后的第一次外部沟通是经过深思熟虑的反应，确保能与消费者产生共鸣。

12. 做好充足的准备

没有人希望成为丑闻的中心，但是如果企业还没有准备好怎么应对危机，那么事情会变得越来越糟。要预测潜在危机场景并制定处理它们的内部方案。在危机来临之前，请列出名单，需要通知谁，确定企业的危机处理方案以及企业的新闻发言人。

课后练习

一、名词解释

企业危机处理　收集危机信息　心理分析理论　生态危机

二、简答题

1. 简述企业危机处理的特点。

2. 企业危机处理有哪些相关理论？简要说明。

3. 企业危机处理的基本模式有哪些？

三、论述题

1. 危机处理要遵循哪些原则?

2. 论述企业危机处理的步骤。

3. 处理企业危机有哪些技巧?

4. 论述企业危机处理的四个阶段有哪些特点?

5. 企业危机各阶段的处理策略是什么?

第五章　企业危机恢复

导入案例

某知名餐饮企业因卫生问题被约谈事件

2020 年 8 月 13 日，某微博视频号发布了"两家外卖平台销量第一的炸鸡店的炸鸡卫生内幕"的视频。视频中，拍摄者称，该企业用清洁剂打扫时，做好的炸鸡就在一边放着，没有任何遮盖。油锅大开着，没有盖锅盖，清洁剂直接掉进油锅里。炸鸡不小心掉到地上后，店长绝对不允许扔掉，还要继续用。冷藏室里放着鸡肉，鸡肉苍蝇横飞。此外，炸鸡店会把油用成黑色才肯更换，甚至会一直过滤油，然后掺上点新油继续使用。

视频发布之后，快餐店的炸鸡等油炸类快餐卫生问题很快上了微博热搜，并引爆了话题。

在视频曝出的第二天该知名餐饮就在官方微博作出回应，内容如下：

近期我们关注到网络上关于个别员工操作不规范的报道，公司高度重视并已于第一时间展开调查。截至发文前，涉事餐厅门店已停业整顿；对该区域内所有员工再次强化培训，重申并落实各项产品操作规范和作业流程；派驻稽查小组对该餐厅进行整改检查，确保各项措施落实到位；后续还将持续强化食品安全稽查制度，对餐厅各项业务流程进行核查，确保为顾客持续提供安全可靠的用餐体验。

8 月 17 日晚，当地市场监管局迅速部署全市各区市场监管部门对当地的炸鸡门店进行突击检查。检查 12 个区的多家炸鸡门店以及当地的炸鸡原料配送中心，重点检查环境卫生、食品加工制作、从业人员健康管理等情况。经查，被抽查的一些门店未发现媒体报道的环境卫生、食品加工制作、从业人员不规范操作等问题。但是，检查中也发现少数门店存在垃圾桶未加盖、晨检记录不全、从业人员未取得健康证等问题，执法人员均处以责令改正，并拟立案处罚。

8月18日上午，当地市场监管局联合该餐饮门店所在区市场监管局约谈了该餐饮企业的负责人。要求企业必须立即整改有关食品安全问题：一是必须高度重视食品安全问题，严守食品安全这个食品经营企业不可逾越的红线，企业诚信守法经营的底线，企业经营的生命线；二是必须全面开展食品安全自查自纠，包括对企业食品安全管理机构、制度和标准操作流程、门店食品安全措施落实情况进行全面自查自纠，对发现问题，落实整改；三是必须严格落实企业主体责任，加强对加盟店的日常管理，加强从业人员食品安全培训、健康管理和个人卫生，定期向所在地市场监管部门报告食品安全状况。

对于本次媒体曝光的食品安全问题，该公司表示，已对涉事的门店采取停业整顿措施，将严格落实食品安全企业主体责任，迅速开展自查自纠，落实问题整改，诚信守法经营，提升食品安全管理水平，对消费者食品安全和生命健康负责。

第一节　企业危机恢复概述

一、相关概念

国外学者汉克（Heck，1991）、罗森塔尔（Rosenthal，1991）在其对危机管理的定义中，提到了危机恢复，他们认为危机恢复是危机管理的一部分。

罗伯特·希斯（2004）认为，危机情景一旦被控制后，管理者和主管就需要着手致力于组织的恢复工作，尽力将组织的财产、设备、工作流程和组织中的人员恢复到正常状态。恢复的过程包括两个方面：一是人的管理，二是物和系统的恢复。

罗森塔尔（2002）认为，危机过后，需要对企业的恢复或重建进行管理。恢复和重建，不仅意味着恢复危机中所受到的物质损害，更要恢复受害人的精神损失，尤其是要避免重蹈覆辙，将可能发生危机的漏洞补起来。

我国学者张成福（2003）认为，危机恢复具体为，危机得到有效控制后，为恢复正常的状态和秩序进行的各种善后工作。

学者贺正楚（2003）认为，恢复时期的企业除了迅速恢复企业的正常运转外，其危机管理工作的任务是修正企业的发展计划，重塑企业形象，利用危机与反危机的经验教训来培养和强化企业抵抗危机的能力，利用危机和反危机的经验教训来提升企业的竞争优势。

综上所述，企业危机恢复是指在危机处理之后，对危机对企业产生的影响进行评估，对企业管理疏漏进行修正，并利用各种资源重塑企业的形象，使之恢复到危机发生前的形象和经营水平，甚至超过之前水平的过程。企业危机恢复是企业危机管理中不可缺少的一部分。

二、企业危机恢复的任务

当危机基本得到控制以后，企业经营秩序得以相对平缓。但这并不意味着危机过程已经结束，而是企业危机管理进入一个新阶段：危机恢复期。管理者工作的重心由控制危机事件本身，转移到企业经营秩序的恢复和危机问题的根本解决上来。由于危机具有扩散性，如果危机的根源问题没有得到解决，那么危机仍会再次发生或引发新的危机。所以企业危机管理者仍需要保持清醒的头脑，立即致力于危机过后的恢复工作，积极稳妥地采取各项措施，解决各类危机遗留问题，尽力将企业的财产、设备、工作流程和人员恢复到危机前的有序状态，恢复人们正常的工作、学习、生活秩序和心态。

企业危机恢复阶段的主要任务有以下两个方面。

（一）消除危机产生的影响，维持企业的生存

危机造成的直接损失较好计算，但危机的总体影响却难以估计，影响持续的时间也会很长。消除危机的影响、降低损失、维持企业的生存是危机恢复管理的首要任务。

危机恢复管理的最终目标是保持企业的连续性。危机造成的损失一般都会打断企业的正常运营，影响企业运作的连续性。如果企业的连续性遭到破坏，企业的生存受到严重的威胁，企业应以维持生存为首要任务。

（二）抓住危机带来的机会，为企业崛起作准备

现代企业面对不稳定和不利环境的可能性越来越大，不利的环境会使企业陷入危机。但如果能抓住危机中的机会，将会促使企业进行持续变革，重塑企业形象，增进企业内部团结，使企业恢复到井然有序的状态，为企业崛起作准备。

1.修正企业发展战略

危机过后，首先应对企业的内外信息环境进行分析，提炼危机诱因并进行解决，尽快制订解决方案并加以实施，以防止其再次引发企业危机；其次要对企业危机预警和危机处理系统进行修改，分析企业现有的行为是否能真正阻止或遏制危机的再次发生，适时修正企业发展战略，以使企业尽快走上良性发展的道路。

2.促进企业内部团结，增加员工士气

在危机发生后，企业员工心态势必受到影响，这时，应稳定军心，对员工进行安抚，恢复员工对企业的信任、信心和自豪感，增加员工士气，并尽力留住人才，为企业尽快恢复正常的生产经营秩序提供重要的人力资源保障。

现实中，当一些危机爆发和潜在爆发时，企业更多地将注意力放在了如何有效和迅速地与相关利益者进行沟通，而往往忽略了与最直接的、为企业创造价值的广大员工的沟通和交流。

3. 重塑企业形象

危机发生时，即使企业采取积极有效的措施处置了危机，仍然多少会对企业的口碑和形象产生各种各样的负面影响。因此，在危机过后，企业要采取一定措施，进一步完善管理体制，调整组织机构使之更精干、更有工作效率，与此同时，还要以诚实和坦率的态度安排各种交流活动，加强与社会公众的沟通和联系，及时告知他们危机后的新局面、新进展，消除危机带来的形象后果，恢复或重新建立企业的良好声誉和美好声望，恢复客户的信任和其无形资产的价值，再度赢得社会各界的理解、支持与合作。常见的企业形象重塑策略有媒体广告宣传，召开新闻发布会，举办公益与联谊活动，完善销售策略，提升产品质量，改进与公众交流的渠道等。

4. 强化企业抵御危机的能力，提升企业的竞争优势

企业应利用危机与反危机的经验和教训来培养和强化企业抵抗危机的能力并提升企业的竞争优势。抵抗危机的能力已成为企业的一种重要资源，它代表着企业竞争优势的一种源泉。企业可以利用危机来培养和强化企业自身抵抗危机的能力，进而提升企业的竞争优势。

前沿案例： 2019 年 4 月 17 日，在北京某小区内，一名顺丰集团快递员在派件过程中，其所骑行的三轮车不慎碰撞到一辆正在倒车的小轿车。轿车驾驶员下车后情绪激动，先是言语辱骂快递员，后又连续扇了快递员数记耳光。事件在网络发酵后，顺丰集团官方社交媒体第一时间发文，表示要追究肇事者的责任。同时一张网络流传的截图显示，顺丰集团总裁王卫在其朋友圈发文称："如果这事不追究到底，我不再配做顺丰集团总裁！"

事件发生后，顺丰集团不到 24 小时就在官微上表明了自己的态度："对于责任，我们不会因愤怒而抛弃公允；对于尊严，我们也不会因为理解而放弃追回！"声明态度明朗，一方面表示追究责任；另一方面将单纯的打人事件上升到社会道德层面，成功地引导舆论转向对快递行业生存状况的讨论。

紧接着顺丰集团官微又发布："我们已找到这个受委屈的小哥，顺丰集团会照顾好这个孩子，请大家放心！"引发舆论同情。一方面总裁的"表态"，另一方面公司的撑腰顺应了舆论风向，既给了外界一个交代，又暖了员工的心，博得了公众好感。

三、危机恢复的意义

（一）组织革新

企业日常运营过程中，往往存在着决策的推行受阻、内部人心涣散、内部隐患众多等问题，但迫于内部阻力大或整顿成本较高的压力，经常难以改善，危机恢复管理则为企业提供了改革的绝佳机会。组织革新表现在三方面：一是利于组织政策推行，妥善解决人员冗杂、生产效率低、生产周期长等问题；二是利于内部氛围团结，凝聚组织成员力量、放下或搁置以往矛盾、团结一致应对危机；三是利于内部隐患自省，危机的出现对企业造成了冲击，潜在隐患浮出水面，组织被迫进行反思，反思的结果可以运用于恢复重建和后续发展，进一步避免同类危机的发生。

（二）形象重塑

企业在危机管理阶段的表现与企业文化、企业形象直接挂钩。尤其是严重的危机出现时，公众、媒体、政府等的目光将持续聚焦企业的一举一动。周全的恢复方案能带领企业快速走出危机，同时提升企业好感度，甚至以此为起点突破危机发生之前的行业地位。

（三）绝地反击

自然灾害或大范围的行业危机可能带来整个行业的洗牌，有的原本不出彩的企业突出重围，打出漂亮的翻身仗，龙头企业也能抓住机遇巩固地位。

第二节　危机恢复的影响因素及内容

一、危机恢复的影响因素

（一）外部影响因素

1.宏观环境

宏观环境通常包括政治、经济、社会和技术四个方面。宏观环境是企业危机恢复的首要影响因素。

政治法律环境是指对企业经营活动具有实际与潜在影响的政治力量和有关法律法规等因素。政治法律环境对企业危机善后起着决定性作用，危机事件的发生暴露了企业生产、经营环节中不合理、不规范，为确保消费者的生命财产安全以及社会稳定，政府会根据实际需要，对原有的政策法规进行加强和完善。政策法规的变化对企业的影响是自上而下的，企业必须根据规定进行产品升级和技术改造，否则将无法进行正常的生产和销售。

经济环境是指构成企业生产和发展的社会经济状况及国家的经济政策。经济环境主要包括宏观、微观两个方面的内容。宏观经济是指一个国家的人口数量及其增长趋势、国民收入、国内生产总值及其变化情况，以及通过这些指标能够反映的对国民经济发展水平和发展速度的预测。微观环境主要是指企业所在的地区消费者的收入水平、消费偏好、储蓄情况、就业程度等因素。

社会文化环境是指企业所处的社会中，成员的民族特征、文化传统、价值观念、宗教信仰、教育水平及风俗习惯等因素。社会文化环境是长久以来逐渐形成的，企业在进行危机恢复时，需要对所在的社会文化环境进行了解，包括社会价值观、文化传统等。

技术环境不仅包括那些引起时代革命性变化的发明，还包括与企业生产有关的新技术、新工艺、新材料及其发展趋势和应用前景。企业若在危机发生前做好计划，在危机发生后就可直接采取措施。例如，随着技术环境的不断成熟运用，企业生产经营的技术有了新的突破。但企业若在正常经营环境中直接运用该新技术，可能会花费大量的资金和资源，所以企业在运用新技术时可能会有犹豫。若企业在危机发生前就将该技术改革纳入企业的愿望清单，那么，企业的危机恢复就可以按照愿望清单里的各个内容逐项实现，不仅有利于企业的恢复，对企业今后的生产经营也可以起到良性循环，尽快走上正轨的促进作用。

2. 同行业竞争者

同行业竞争者是指处于同一行业的多个形成竞争情况的企业。危机事件对企业产生影响的同时，也会对行业产生一定的影响，尤其是当危机诱因是来自行业普遍现象，而非企业个别现象时。当危机事件是企业个别现象时，企业的竞争对手对发生危机的企业危机恢复具有牵制作用，消费者在选择产品时往往会避开危机企业的产品转向其他同类产品，危机产业的产品收入下降，企业从正常经营活动中很难获得足够的收入来支持危机恢复所需要的大量资金，致使企业只能通过其他方法寻求资金，给企业带来更大的负担。当危机事件是行业普遍现象时，那么同行业竞争者也会陷入危机，行业受到质疑。

竞争度强的行业，市场上同类产品多，一个产品发生问题，消费者可以转而选择其他产品，对消费者的影响不大，但对于企业的影响却不容小觑。要将已转向其他产业的消费者拉回来并非易事。危机产品甚至危机企业很可能需要很长时间才能恢复其市场地位，抑或从市场上消失。竞争强度弱的行业，在同类产品有限的情况下，消费者很有可能仍然选择危机产品，或者在危机发生一段时间后仍选择原产品，相对于市场竞争激烈的行业，竞争强度弱的行业，所在企业若发生危机，其恢复速度要快于前者，恢复程度也要好于前者。

3. 潜在竞争者

除了同行业竞争者的行动会带来挑战外，也不能忽略潜在的竞争者。虽然潜在竞争者目前并未在该产业内运营，但是却有进入该产业的能力。只要有意愿，潜在进入者就会增加额外的产能，造成供需均衡的破坏，除非市场上有对等的需求量产生，否则现阶段既有厂商将会面临巨大的竞争压力和获利变小的威胁。潜在竞争者的威胁程度取决于可能进入者的数量及实力。因此，原本市场成长快速、现有同业获利高的产业中，一旦有若干财力及技术能力雄厚的大企业打算进入，其潜在获利能力都会受到威胁。

4. 供应商

从供应链的角度而言，供应商若背离企业，在没有任何替代方案的情况下，该企业必然遭受打击。另外，供料厂商的品质也是企业危机发生的来源，尤其是品质的稳定度，对于企业产品的影响最为明显。供应商的背离可能有主观因素，也可能有迫不得已的情况。为预防这种情况的出现，企业有必要对供应商作深入的了解。另外，企业平时也可通过法律加强原材料采购的管控，对协作厂商进行规范，必要时，企业可将供应商违规的记录客观反映，以制约该供应商的后续行为，若再犯，则将该供应商的违规记录，让其他协作厂商知道，并将所耗用的成本转嫁给供应商，由其承担责任或直接解除合约。

（二）内部影响因素

1. 市场需求

市场需求是企业赖以生存的关键。经历危机事件，企业的市场需求必然会受到影响，尤其是企业产品质量危机对企业市场需求影响最大。在危机恢复过程中，市场需求起着决定性作用。若企业产品属于稀缺性产品，危机发生前市场需求量较大，且产品在市场上具有垄断地位，那么产品的市场需求恢复迅速，企业的危机恢复速度也会随之加快。反之，若企业处于市场环境，竞争激烈，同类产品丰富，消费者选择余地大，那么产品的市场需求恢复速度则较为缓慢，需要企业进行促销、广告以及在销售渠道上投入更多资源来减少市场萎缩，加快市场需求的恢复速度。

如果企业的市场需求关键在于产品，那么企业增加市场需求的关键就在于提高产品的实力。首先，企业应对现有产品加以完善，无论企业危机源自哪里，首当其冲受到影响的是企业形象，消费者对企业产生不信任感，具体表现为产品市场需求下降，消费者可以在众多同类产品中选择其他厂商的产品，以表示对危机企业的抗议。虽然从表面上来看企业处于被动，但企业有能力扭转局面，取得主动权。赋予企业力挽狂澜机会的就是产品。企业要对现有产品进行评估，对目前的产品缺陷进行修复，从而提高产品质量。其次，企业对产品进行再开发，对产品加以完善。不同于产品完善是针对产品缺陷而言，产品再开发则是指寻找产品新功能，提供新服务。最后，企业应赋予产品更多的附加值，企业在完善了产品缺陷、开发产品新功能之后，赋予了产品更多附加值，也能提升企业价值，是提升产品市场需求的重要因素。具有市场竞争力的产品，不仅要有过硬的产品质量，丰富的产品体验性，更需要配套的售后服务保障。产品附加值，或许是消费者是否再次购买产品的决定性因素。

2. 管理层理念

管理层理念是影响企业进行危机恢复的决定性因素。企业领导对危机管理的认识决定了企业是否会对危机进行恢复。如果企业管理层对危机事件非常重视，主动寻找自身原因，努力完善提高产品质量，积极与媒体进行有效沟通，那么在管理层的带动下，企业的危机恢复速度会快速提升。反之，如果管理层认为危机事件只是一次偶然，一次失误，并且不足以对企业产生任何影响或影响较小，那么，企业危机恢复将无从谈起，但是，危机也会再发生，并且再次发生时所产生的影响，是企业无法估计和无法想象的。

3. 客户关系

客户关系维护是企业维持市场需求的重要法宝之一。客户关系维护的过程是一个不断加强与客户交流，不断了解客户需求，并不断对产品及服务进行改进和提升，以满足顾客需求的连续的过程。客户关系维护，应注重与客户的交流，从危机恢复角度出发，做好客户关系维护，不仅可以有效保持产品市场的需求量，更可以利用好客户资源，做好危机恢复评估工作。在不同时期进行客户关系维护，发挥的作用也不同。

在危机处理阶段，企业主动与客户联系，积极沟通，利用媒体、网络等传媒方式告诉客户事件原委，以防止客户资源流失，并可以利用已有的客户资源，将危机事件的原委进行口口相传，在一定程度上保持其形象。在危机恢复阶段，利用已有的客户资源对市场需求量的缩减程度、企业形象削弱程度以及消费者的态度等方面进行调查和评估，从而掌握危机事件的影响程度，并且为企业危机善后恢复的下一步工作提供依据。

4. 技术实力

技术实力不仅对企业危机恢复，对于企业危机管理以及企业管理都具有非常重要的地位。技术实力是企业产品的根本，产品是企业技术实力的体现。在危机恢复的阶段，先进的技术可以帮助企业加快提升产品质量，对产品线进行技术改革，从而为市场和消费者提供更为出色的产品，使企业尽快摆脱危机事件所带来的影响和阴影。

5. 资金实力

资金实力是企业产品生产研发和改造的前提，也是企业进行危机善后恢复的必要条件。企业在危机处理过程中，对危机主要受害者、危机次要受害者以及生产线厂房设施等固定资产进行物质修复，同时还要承担由于危机引起的产品滞压损失。在危机修复阶段，企业的很多方面都需要资金的投入，不仅需要在以上提到的方面继续投入资金以维持现状并得到改善，还需要在其他方面投入适当的资源，以提高企业形象。例如企业可以筹备公益演出，举行慈善募捐等活动，来提升企业形象。

6. 员工态度

员工在危机恢复阶段给予企业的支持，对企业危机恢复的速度和效果可以起到重要作用。企业应意识到，即便是经营类危机，员工不是危机受害者，企业也应该对员工进行安抚，包括危机发生时及时与员工沟通，告知真实情况，以消除员工顾虑，并引导员工积极配合企业危机处理和恢复各项工作。员工是企业文化的主体，员工的企业忠诚度提升，有利于企业的危机恢复。

二、危机恢复的内容

（一）物的恢复

一般来说，危机在物质层面的恢复，主要涉及对物的恢复以及利用物质对人进行恢复。对物的恢复主要涉及企业的产品、设备、硬件设施等对物进行清理、修复以及重建更新的工作。

1. 清理和修复

清理和修复是针对物的恢复进行的，主要包括产品、设备、办公设施等。一般企业经营类危机对物的损害较小，主要体现在产品是否可以恢复生产，作业环境是否需要调整，生产工艺和流程是否需要改进等。

2. 重建和更新

重建和更新是针对物的恢复进行的，包括产品、设备、办公设施、厂房等。企业事故类危机对物资的伤害相对较大，必须先进行现场清理，评估受损物资是否可以在维修清理后重新使用。若可以，则考虑是否可以恢复生产、提升作业环境、改进生产工艺和流程等问题。若受损物资无法再次利用，企业则需要对厂房设施、生产线作业环境进行统一设计和考量，必须将引致此次危机的根本原因考虑在内，并寻找其他可能致使危机发生的原因，特别是硬件设施的合理安排和使用。将所有因素进行全盘考虑，消除某些危机因素的同时，提升企业固定资产硬件设施的水平，从而为企业恢复生产、提升生产水平提供必要条件。

（二）人的恢复

一个危机事件对于受众的影响，不仅是物质上的，更是心理上的。在看不见的心理伤害和精神伤害层面的影响，有时是巨大的，往往会加剧危机对企业造成的危害，甚至会对社会造成危害。关于心理恢复，可根据危机造成的影响大小，分为危机主要受害者的心理恢复，危机次要受害者的心理恢复以及大众心理恢复。

危机主要受害者无疑是受到危机影响最严重的人群，他们也许因为一次危机造成生理残缺甚至死亡，也许他们的家人也会受到此类伤害。他们被视为危机的主要受害者，对危机主要受害者的精神恢复是非常重要的。

危机次要受害者虽然受到的伤害不及主要受害者，但危机发生时，他们受到的伤害同样需要补偿。如超市卖出有问题食品这种危机的主要受害者，误将食品食用后会产生身体不适。次要受害者就是看到新闻媒体报道相关问题食品后，发现自己也购买了相同食品，但尚未使用。对他们来说，因为没有食用这些食品而发生身体不适，在一定程度上他们是幸运的。但是，由于消费者购买了问题食品，付出了相应的货币以外，还会因为没有食用问题食品而感到后怕，这是对他们精神的一种伤害。以至于在今后购买商品时，危机的次要受害者在商品挑选上会格外注意，生怕会发生同样的问题。

对大众的心理进行恢复，首先要把握社会心理客观状况，也要对社会心理反应实施监测，并能够预测将来的心理状况。应组织相关专业人员通过适当的渠道和方式了解公众心理的具体状况，针对危机中人群的行为变化，掌握群众心理的变化趋势，从而帮助相关部门采取相应措施，保护广大人民群众免受或减少心理上的伤害。其次，对于大众的精神修复，应以大众媒体为修复媒介，通过大众传播合理引导舆论，消除大众由于信息不对称而产生的恐慌心理。

（三）制度恢复

制度恢复也是企业危机恢复的一个方面。危机发生与企业制度存在漏洞和不足有关，也与公司员工是否很好地遵循和执行制度有关。企业能够通过危机来发现已有制度的不足，从而对制度进行完善。若因员工没有遵守制度而导致危机事件发生，那么企业可以通过在制度中增加遵守事项来约束该制度的执行人员。

（四）企业文化恢复

危机事件的发生，不仅对公众产生影响，对企业自身也会产生不小的影响。首当其冲的便是企业文化遭到质疑。消费者认为企业只关心自身利益而不顾社会公众利益，而企业的内部员工则会认为企业只注重经营绩效，而不顾员工利益和社会利益，对企业文化造成极其严重的负面影响。企业文化是企业吸引员工的根本，企业在危机事件发生后，必须对企业文化进行修复，不仅是因为需要企业文化留住员工对企业的信任，也是因为企业需要重新向公众展示对员工和公众的责任心。

在企业文化恢复中，企业的管理层首先应当与员工进行良好的沟通，因为企业文化的传播者正是企业的员工。当员工意识到自己的行为对处于危机中企业的重要性后，便会唤醒员工的主人翁意识，增强对企业的归属感，提升企业的凝聚力，是企业从危机中恢复的坚强后盾。

（五）企业形象的恢复

对于企业而言，危机事件后的形象恢复尤为重要。品牌形象是企业最大的财富，同时也意味着品牌成本是企业最大的成本。企业形象恢复需要提升公众信心，采取相应的实际行动，并且要从企业的经营角度出发，寻找信心恢复的办法。因为在危机事件爆发后，公众疑心重重，很容易将企业与居心叵测的奸商联系在一起。企业可以通过将问题产品回收、及时告知公众实情、请专家对问题产品进行评估和澄清等方法对企业形象进行补救，并在以后的一段时间利用公益慈善、社会责任等活动提升企业形象。另外，企业可以突出新的形象，建立新策略，如投放新的企业形象广告，推出新产品和新服务，调整企业管理团队、引进代表新形象的高层人员、公布新的市场拓展计划等。

第三节 危机恢复的基本步骤及计划制订

一、危机恢复的基本步骤

（一）建立危机恢复小组

危机恢复小组有别于危机反应小组。

第一，危机恢复小组的目的是使组织从危机的影响中恢复过来，而反应小组的目的只是控制危机，减少损失。

第二，危机恢复小组的主要职能是恢复管理的决策、监控和协调，而危机反应小组则不但要决策，还要快速行动。

第三，危机反应小组一般是由专业的危机反应人员组成，很少使用非专业人员，这些专业的危机反应人员可以来自组织内部，也可以来自组织外部（如救护人员）。而危机恢复小组成员则大多来自组织内部。

第四，在危机快速反应时由于情况紧急，其决策是由快速反应小组的成员来执行，而危机恢复小组的决策则大都由组织的全体成员共同执行，当组织内部的人力资源不够时，也可以雇用外部组织参与该组织的恢复工作。例如，中国政府在2008年南方的低温冰冻雪灾中，依托国家发展和改革委员会设立了应急指挥中心来加强危机管理，组织开展灾害恢复工作。

（二）获取信息

危机恢复小组要进行危机恢复决策，必须获得有关危机的信息，了解危机的破坏性质和严重程度。信息可以来自危机的受影响者，如危机的受害者、危机反应人员、帮助组织进行危机反应的其他组织成员和受到危机影响的利益相关者。他们可以为危机恢复小组提供一些详细的、容易评估的信息，而那些难以作出评估的信息，则需要企业专门的人员对危机造成的影响进行评估。如机器设备、受伤者的伤势、企业无形资产受损的程度等都不是可以直接认识到的，只有像技术人员、医生、资产评估人员这些专业人员才能对损失情况作出较为客观的评估，为危机恢复小组提供专业的决策依据。

信息收集过程中，危机恢复小组一方面通过对受危机影响者的调查了解危机的第一手信息；另一方面通过专门的人员进入危机现场对危机的损失进行评估和现场调查。综合两方面的结果，危机恢复小组对危机损失进行分门别类的归纳和整理，形成对危机损失的全面认识。

（三）确定危机恢复对象和危机恢复对象的重要性排序

1. 确定需要恢复的所有潜在对象

危机造成的损害不仅仅是那些显而易见的损害，危机恢复小组需要对危机进行全面的评估，以了解需要进行恢复的所有潜在对象。确定所有的潜在对象需要全面地了解信息和进行集体讨论。全面了解信息已经在信息收集中谈过，而集体讨论人员应包括组织各个部门的代表、部分危机反应人员、评估专家、利益相关者的代表和危机恢复小组成员。这样的人员组成具有广泛的代表性，几乎包括了所有的危机受影响者和与信息收集有关的人员。

2. 确定危机恢复对象，决定危机恢复对象的重要性排序

潜在的危机恢复对象是非常广泛的，确定危机恢复的潜在对象可以使危机恢复工作考虑得更为全面。但实际能够进行恢复的对象是有限的，因为用于危机恢复的资源和时间是有限的；同时，危机恢复的目的也限定了组织需要进行恢复的对象，有时候由于各种原因对于一些损害组织会不予恢复，如在汶川地震中倒塌的一部分房屋经探测发现原本就建造在了地震板块间的"危险区域"，如果刻意要去恢复这些房屋，只会增加危险性，因此政府决定不再在原址建造房屋。在确定危机恢复对象重要性排序的时候最好不要采取集体讨论的方式，因为集体讨论可能产生利益权衡的考虑，而不是基于对资源和危机恢复目标考虑后的最优选择，一旦出现争论不休的局面，既无法产生结果，同时又浪费宝贵的时间。此时的决策应该由危机恢复小组成员、危机管理专家、危机高层管理者组成的专家小组进行决策。他们对企业的资源和危机恢复的目标较为了解，并能对危机恢复作出权威性的决策。

专家小组的决策基础是所有潜在的危机恢复对象。专家小组根据组织拥有的和可以获得的资源、危机恢复的目的，决定潜在危机恢复对象中哪些可以列

为实际需要恢复的对象，并决定危机恢复对象的重要性排序。需要指出的是，重要性排序不是危机恢复的先后排序，因为危机恢复中，许多危机恢复对象是同时进行恢复的，只是重要的危机恢复对象需要给予更多的时间、资源和人力资源的保证。

（四）制订危机恢复计划

危机恢复计划的常规项目是所有计划书中都有的内容，危机恢复小组只要根据一定的格式制作和填写就可以了。常规项目包括：封面、联系方式、危机恢复目标、计划书阅读者和政策部分。其实，计划书的阅读者是规定了哪些人有权阅读计划书，阅读后要在计划书上签字。危机恢复计划的具体内容主要是指导危机恢复具体工作的开展，规定如何对各个危机恢复对象采取行动。这部分的计划应包括以下一些内容。

（1）危机恢复对象总论。危机恢复对象有哪些，危机恢复对象的重要性排序，为什么要选择这些危机恢复对象，这些危机恢复对象重要性排序的理由等。

（2）每种危机恢复对象分配的资源。每种危机恢复对象可以得到哪些资源，这些资源如何进行储备，又如何提供给危机恢复人员，这些资源供应的时间表等。

（3）每种危机恢复对象的人员配置。每种危机恢复对象由哪些人负责，这些人中谁是主要负责人，负责人有什么样的权利和责任等。

（4）补偿和激励。危机恢复人员的激励政策是怎样的，危机恢复人员因额外付出和努力可以得到什么样的补偿等。

（5）危机恢复的预算。各种危机恢复对象有什么样的预算约束，对本次危机恢复的预算，危机恢复的分阶段预算。

（6）危机恢复个人与团队之间的协调和沟通政策。

（五）恢复计划的执行

在危机恢复计划指导下，组织开始了全面的危机恢复行动，然而危机恢复计划在执行中要充分考量其他各个因素的变化从而适当调整计划。除此之外，在危机恢复的执行中，组织要做到修补和建设两手抓，一方面弥合危机带来的损害和伤痕；另一方面利用危机带来的转型和机会，对组织的运作机制、形象系统和价值系统进行优化和改善。

二、企业危机恢复计划的制订

（一）承认灾难的可能性

业务连续性及灾难恢复的第一步是承认自己的单位会碰到可能损害企业发展的现实性威胁。如果企业没有在一个高级的层次上采取这一步，其他的步骤就免谈。

（二）列表并分类企业面临的威胁

企业及其社会环境的性质能够影响一个单位所面临的威胁类型。在列示了威胁之后，单位应当根据这些威胁对不同系统的可能影响对其分类。应当在灾难的响应成本和可容忍的"宕机时间"之间实现平衡，可容忍的"宕机时间"越少，则企业就需要越多的成本来创建恰当的响应。例如，一些系统必须在几分钟或几秒内实现功能恢复，还有一些系统可容忍的"宕机时间"为几小时，还有其他系统即使"宕机时间"多达几天也不会产生严重的后果。

（三）业务连续性和灾难恢复技术的基础结构

业务连续性和灾难恢复技术的基础结构的关键技术要素由以下几部分组成：关键数据中心、一个可以备份主要数据中心资源的远程站点、高带宽的网络连接等。在整个数据中心，业务连续性和灾难恢复的最佳策略都要遵循所有要素成分保持冗余性的观点。在生产性和备份数据设施中都应当运行多台主机和服务器。如果一个生产性系统的组件碰到了问题，此系统组件就立即将其功能转移给本地的备份系统，这可以作为对付灾难的第一道防线。

在业务连续性和灾难恢复策略中，最关键的要素之一就是电源。根据调查，电力故障是最为常见的也是可预防的中断性故障。

（四）清查单位的资产

一旦单位已经草拟了其业务连续性和灾难恢复基础结构的拓扑，下一步就是要制定一个精确而详细的资产目录。这就使得单位能够理解需要保护的资源和业务过程。

现在有不少业务管理工具有助于制定和维护资源的精确目录。这些工具的厂商都提供了一些依靠软件代理来优化基础结构的工具模块，并可将硬件和软件资产的细节及其配置参数存储到配置管理数据库中。

（五）设置服务水平期望并定义意外事故策略

配置管理数据库中不但存储着单位软件和硬件资产的细节信息，还包含着服务水平的约定要求信息，这些约定要求可以定义正常运行时间及这些资源的恢复参数。高级管理部门对服务水平期望作出要求是很重要的，因为这些能够决定在某次故障中的 5 分钟内或 5 小时之内某种特定的资产是否必须启动和运行。这种决定可以直接影响高级管理部门日后的业务连续性和灾难恢复成本支出。

根据对资产及配置和服务水平约定的清晰理解，单位可以定义意外事故的应对策略。这些策略必须得到主管人员的支持，因而需要将资产的性能与企业需求直接联系起来。为了形成这种重要的联系，单位需要执行业务影响分析来充实系统需求、过程、系统交互关系的细节。主管人员必须理解系统瘫痪的后果，以便于支持意外事故的应对策略。

（六）制订一个业务连续性和灾难恢复的计划

意外事故的应对计划应当直接根据意外事故的应对策略，详细表述不同部门和个人的角色和责任，以保持技术系统的可用性，并阐明紧急情况下恢复系统的过程。意外事故的应对计划的关键元素还包括资源需求、培训需要、培训练习和测试频率、维护时间表、数据库备份的时间表等。

意外事故应对计划的阶段包括以下三个方面：一是灾难降临时的通知过程；二是应急团队动员后的恢复过程；三是回归正常运作过程。

（七）测试业务连续性和灾难恢复计划

在定制了正式的策略和过程之后，最为重要然而却最容易被忽略的一个方面是灾难恢复计划。企业必须从一开始就测试其计划的完整性和有效性，然后再在运作过程中重新测试，以确保基础结构和业务过程的日后改变不会产生策略改变的需要。

在当今复杂的条件下，要让企业防御每一种灾难事故确实有点儿困难。但是，在无法预料的事情发生后，如果企业采用了恰当的技术、清晰的服务水平期望、实用的恢复策略，再通过灾难恢复计划和严格的测试方法，就可以将灾难对业务的影响降至最低。

第四节　实务演练

一、某线上直播课平台以幽默方式化解危机

在 2020 年疫情期间，学校宣布放假导致孩子们没办法去学校上课了。为了使孩子能够好好学习，于是很多老师选择使用某线上直播课平台为孩子们讲课。

老师们认为，虽然疫情导致学校放假了，但改为线上授课平台可以让孩子们通过网课的方式继续听课学习。小学生们则认为，哇！终于可以不用上课了，我们可以借此机会好好玩啦。然而，该平台以老师们讲课的工具出现，直接使孩子们的美梦破碎了。可是课还要继续上，作业还要继续写。小朋友们不乐意了，于是默契地联合起来给该授课平台差评，并且迅速将该平台的评分拉低至下架的边缘。

该平台也未曾想到，来自一大群小学生们的强烈不满，会导致自己遭遇前所未有的巨大危机。面对这种情况也迅速作出了应对，制作了一段特别具有魔性的视频向小学生们求饶。通过视频隔空喊话，求各位"大侠"饶命，称自己也不想牵连老师和小学生们，生活不易求放过，饶了我吧，给个高分吧……

该平台虽然躺枪了，但是以一种幽默的方法处理危机，表面上看这是一种求饶，事实上这是一种低姿态。当遭到如此之大网络攻击的时候，不是采取硬刚，事实上该平台当然也完全可以采取甩锅老师的方式，称自己冤枉，比窦娥冤还冤。假如平台这样回应，结果是可以预料到的，必然有更多的小学生们联合到一起将平台评分拉低至下架。

事实证明，该平台没有选择这样去做，并且以一种低姿态的态度让大家会心一笑。其实大家都知道，小孩子们是出于一时的激动，一旦他们理性过来，自然也就知道这不是平台的问题，而且大家在疫情期间也确确实实需要通过线上平台进行学习，毕竟不管发生什么事情，前进的脚步不能停下来。好好学习，天天向上的状态不能停，该平台也还是为抗击疫情作出了贡献的。

因此，这个低姿态迅速获得了小朋友的认可，于是小朋友们又几乎是在一夜之间将平台的分数给拉高上去了。随着该平台评分的拉高，该平台马上又通过一首歌曲表达了对"大侠"们的感谢。就这样，在一片欢声笑语中，通过自己的幽默风趣化解了这次差评危机。

思考·讨论·训练：

1. 结合案例，谈谈此次危机事件对企业的不良影响。

2. 从顾客态度变动和企业发展的角度分析此次危机处置是否会得到市场的认可，为什么？

3. 该平台的哪些应对方式值得其他企业借鉴？

二、某电商平台疑售假事件

2019 年 2 月，某地消费者王女士在其个人微博上称，她在某电商平台上以2534 元的价格购买了一件知名品牌羊绒大衣，收到货后她发现大衣做工比较粗糙，衣服上有多处线头。随后，王女士便将衣服的防伪标识、商标等多张照片发给该品牌官方验假邮箱。企业邮件回复称，这件羊绒大衣是假货。

2019 年 3 月，王女士与该电商平台客服沟通进行实物鉴定，最终同意将衣服寄往售后客服鉴定。

3 月 8 日，该服装品牌在其官方微博上称，经过内部及官方双重核查，确认该电商平台所售产品为正品。对于鉴定结果不一致，企业声明称，将在公证人员监督下，将商品原件送至官方总部进行实物鉴定。

在这之后，王女士再一次联系了该服装品牌官方，询问为何同一商品两次鉴定会有不同结果，官方马上道歉并回复，根据电商平台发去的邮件，经再次鉴定，两个结果均为"非正品"。

3月15日，电商平台发布声明称："如果经鉴别为假货，平台将公开赔礼道歉，赔偿消费者的精神损失费，假一赔十。而如果经鉴别为正品，请女士公开赔礼道歉，退还所垫付费用。"

3月18日，平台与媒体和当地公证处的公证人员，将此前保管于公证处的商品，寄回总部进行实物鉴别。

4月10日，针对该电商平台的疑售假事件，监管部门的认定结果出炉。当地市场监督管理局表示："该服装经鉴定为正品，我们2月27日立案，现在结果出来了，结论是正品。我们把实物寄到服装企业，他们鉴定为正品。"当地消费者保护委员会收到的该服装企业总部邮件中写道："经过对大衣的检验，可验证该大衣为正品。"

4月10日下午，该电商平台官微回应：王女士所购大衣真伪检测结果公布是正品。对于鉴定结果，该电商平台回应媒体称："第一，对此结果，我们深感欣慰。第二，过去三个月，因该商品真假争议对消费者、社会公众造成的困扰和疑惑，我们深表歉意。第三，作为一家成立时间不长的电商平台，距离优秀的标准还很远。未来，我们会以更加敬畏的心态，接受来自用户的意见和建议，不断改进并提高服务水平。"

同一时间，当事人王女士接受媒体采访表示："我对这个结果肯定是不满意的，针对这个事情，不只是这件衣服的真假问题，更重要的是他们在处理整个事件过程当中，有很多违反消费者权益法的行为。"

思考·讨论·训练：

1. 此次假货问题给该服装品牌带来了哪些不良影响？

2. 对于消费者维权事件，企业应如何应对，才能帮助企业维护自身形象？

3. 对于电商平台典型的假货问题，该服装品牌的做法对我们有哪些启示？

 拓展阅读

企业危机管理中的五种常见失误

企业危机难以避免，数据泄露或其他类型的企业危机总是会发生。请避免以下五个误区，以免措手不及。

（1）没有足够早地着手准备。准备一项危机应对计划，然后立即开始。企业要提前为一个还没出现，并且也不希望出现的公关危机，写出公关回应颇有难度。但是，假设某项危机爆发，提前制定回应要点，并将预案提前获得批准，会让企业在危机公关中更有所作为。未雨绸缪，提前准备，制订危机处理计划很有必要。危机公关计划开始不一定是完美的，但是随着时间的推移，确实需要一步一步完善它。

（2）信息共享的速度还不够快。在公关危机中，事态的变化特别迅速。在网络舆情中，最大的难题是企业能了解到的信息根本不全。企业不知道到底发生了什么事情，更别提事件的来龙去脉，唯一知道的是肯定是出了什么问题。这里给出一种回应，基本没错："我们已经知道这件事情了，目前正在着手调查中。待我们确认详细信息后，将分享更多的信息。"这是让企业的受众知道，公司已经在对此负责，并将努力纠正目前的情况。沟通不足会使公众用其他的"小道消息"自行填补空白，这在公关危机中尤其危险。

（3）没有合适的团队。建立危机公关团队的方法有两种：按职能和按性情。第一点，为了发挥作用，需要在团队中配置具有特定技能的人员：市场专业的、产品专业的、法律专业的、信息安全专业的、公关专业的、社会及行政方面专业的，或者是设施或人力资源部门的等。这取决于公关危机的类型。这些功能将确保企业在应对危机时，不会受到知识差距的困扰。第二点，性情相符（或者说是建立良好的化学反应）比功能更重要。企业需要的团队成员要能在高强度压力下保持冷静自信，注重细节，平易近人并相互尊重。如果团队中有一个人与其他人的性情很不融洽，那么，企业的危机公关之旅将是一场充满压力的灾难。

（4）没有提前建立关系。当危机来临时，你会发现自己要与那些不定期打交道的团队进行合作。他们也许是企业的信息技术团队、设施或人力资源部门。

在危机中，获得团队的信任至关重要。与记者的关系也是如此。如果明天要爆发危机，公关团队要联系的第一位记者是谁？怎么联系，说什么内容？提前建立可靠牢固的关系，这将为企业带来意想不到的回报。

（5）没有从错误中学习。最好的成长方式是从错误中吸取教训。危机管理也是如此。在每起事件或危机尘埃落定之后，相关公司应召开会议，以总结危机处理进展顺利的经验，以及下次应该做些什么。希望经过充分准备，当公关危机降临时，做好应对措施。

课后练习

一、名词解释

企业危机恢复　清理和修复　重建和更新

二、简答题

1.简述企业危机恢复的任务有哪些？

2.企业危机恢复的重要性体现在哪里？

3.企业危机恢复的意义是如何体现的？

三、论述题

1.企业危机恢复的目的是什么？

2.论述企业危机恢复的影响因素有哪些？

3.企业危机恢复的主要内容有哪些？

4.论述企业危机恢复的基本步骤是什么？

5.如何制订企业的危机恢复计划？

6.论述危机恢复的基本法则有哪些？

7.企业危机恢复的具体策略是什么？

第六章 企业应急物资储备

导入案例

　　国家电网经过几年物资管理的改革与探索，在企业物资的计划、采购、使用、储备等管理环节上取得了诸多进步和成果，逐渐由传统的物资供应管理向现代物资供应链管理方向转变。其中储备管理也是其物资管理的核心内容之一。国家电网的储备管理是以信息化建设为手段，统筹仓储资源，优化仓储网络，建立物资储备体系，推进仓储管理标准化和信息化，建设库存信息共享、作业流程规范、资源配置优化的科学仓储管理体系，实现公司库存物资一本账，全面降低公司整体库存水平，提高物资管理的效率与效益。而对于应急物资的可靠供应是电网安全运行的重要保障。建立"定额储备、按需领用、动态周转、定期补库"的库存管理模式，可以提高库存物资周转效率，降低总体库存水平。

第一节 应急物资

一、应急物资概述

　　近年来，自然灾害、公共卫生等突发事件频发，对企业应急能力提出了较大挑战。应急物资是保障企业开展应急救援的基础性工作，有利于保障应急物资的及时供应，在最短时间内恢复正常的经营秩序并将突发事件造成的损失最小化，因此成为企业应急管理能力提升研究的重要课题。

二、应急物资的特点

与普通物资相比，应急物资表现出以下几方面的特点。

一是时间的紧迫性。当灾难或者紧急事件发生时，应急物资需要第一时间以正确的方式运送至正确的地点。

二是应急物资的多样性。我国幅员辽阔，各种灾害种类较多，针对不同类型的灾害，所需求的应急物资种类也不同。

三是需求的突发性与不确定性。当一些重大灾害发生时，受灾区域和外界的信息沟通出现障碍，外界无法第一时间得知准确的物资需求。

四是物流弱经济性。应急物流强调物流效率，通过效率的提高来实现其价值，而普通的物流则强调降低运行成本以提高经济效益。

三、应急物资的分类

应急物资的种类很多。不同的应急物资对应急救灾所起的作用各有不同。因此，有必要对应急物资进行科学的分类。对不同类型的应急物资采取不同的运输、配送方式，有利于更好地发挥其价值和作用，保证应急物流的快速实现。应急物资根据不同的分类方式有不同的分类结果。

（1）按应急物资使用的紧急情况可分为一般级、严重级和紧急级三类。一般级指有利于灾害救急，有利于减轻灾害的损失且必要的物资，如环保处理、工程建材、工程设备类物资；严重级指对减轻灾害损失，缩小灾情范围，对应急救灾工作能够发挥重要作用，非常必要且重要的物资，如救援运载、防护类物资；紧急级指对应急救灾工作的开展，挽救人民生命财产损失，稳定局势起关键性的作用，必需且极重要的物资，如生命救助、生命支持、临时食宿类物资。

（2）按应急物资的用途可分为十三类，即防护用品类、生命救助类、生命支持类、救援运载类、临时食宿类、污染清理类、动力燃料类、工程设备类、器材工具类、照明设备类、通信广播类、交通运输类、工程材料类。

防护用品类主要包括卫生防疫设备、化学放射污染设备、消防设备、海难设备、爆炸设备、防护通用设备等；生命救助类主要包括处理外伤设备、高空坠落设备、水灾设备、掩埋设备、生命救助通用设备等；生命支持类主要包括窒息设备、呼吸中毒设备、食物中毒设备、生命支持通用设备（如输液设备、输氧设备、急救药品、防疫药品）等；救援运载类主要包括防疫设备、水灾设备、空投设备、救援运载通用设备等；临时食宿类主要包括饮食设备、饮用水设备、食品、住宿设备、卫生设备等；污染清理类主要包括防疫设备、垃圾清理设备、污染清理通用设备（如杀菌灯、消毒杀菌药水、凝油剂、吸油毯、隔油浮漂）等；动力燃料类主要包括发电设备、配电设备、气源设备、燃料用品、动力燃料通用品（如干电池、蓄电池）等；工程设备类主要包括岩土设备、水工设备、通风设备、起重设备、机械设备、牵引设备、消防设备等；器材工具类主要包括起重设备、破碎紧固工具、消防设备、声光报警设备、观察设备、器材通用工具等；照明设备主要包括工作照明设备、场地照明设备等；通信广播设备主要包括无线通信设备、广播设备等；交通运输设备主要包括桥梁设备、水上设备、空中设备等；工程材料主要包括防水防雨抢修材料、临时建筑构筑物材料、防洪材料等。

（3）按引起应急物资需求的原因可分为自然灾害类应急物资、事故灾害类应急物资、公共卫生事件类应急物资、社会安全事件类应急物资、经济安全事件类应急物资五类。自然灾害类应急物资主要包括水旱灾害、气象灾害、地震灾害、地质灾害、生物灾害和森林火灾突发事件所需的应急物资；事故灾害类应急物资主要包括工矿商贸等企业的各类安全生产事故、交通事故、危险化学品事故、公共设施和设备事故、核与辐射事故、环境污染和生态破坏事件等突发事件所需的应急物资；公共卫生事件类应急物资主要包括传染病疫情、群体性不明原因疾病、食品安全和职业危害、动物疫情以及其他严重影响公众健康和生命安全的事件等突发事件所需的应急物资；社会安全事件类应急物资主要包括恐怖袭击事件、民族宗教事件、涉外突发事件和群体性事件等突发事件所需的应急物资；经济安全事件类应急物资主要包括金融安全、物价异常波动、因突发事件造成的能源（煤、电、油）以及生活必需品供应严重短缺事件等突发事件所需的应急物资。

（4）按应急物资的使用范围可分为通用类和专用类。通用类物资适合一般情况下救灾工作的普遍需要，也是比较重要的物资。像食品、饮用水、药品等几乎每次应急救灾都是必需品；而专用类物资则适用于不同的灾情，具有特殊性，应当视情况而定。如发生疫情后所需要的专门的疫苗、药品，发生洪灾后所需要的救生艇、救生衣等都属于专用类物资。

四、应急物资储备与管理主要活动

从灾难事故发展阶段和我国应对流程，可以将应急物资储备与管理的主要活动分为事前准备、事发应对、事后归集三个阶段，包括统筹规划、采购、储备、调派、调度、回收、轮换等众多活动。其中各项工作活动又会根据行政层级而有所差异。

（一）事前准备

事前准备阶段的主要工作包括：统筹规划建设应急物资库和运输车队、统筹规划应急物资储备和调度方案、编制更新应急物资目录、编制物资采购预算和采购计划、物资采购与储备、汇聚应急物资数据等。

统筹规划建设：应急管理部、国家粮食和物资储备局、水利部根据党和中央发展规划，统筹规划建设全国各地中央级应急物资库、粮食储备库、应急防汛抗旱物资库。上述各部委下属各级、各地方行政单位根据中央和部委指示，开展属地内各类应急物资库的统筹规划与建设工作。

统筹编制应急物资储备规划：应急管理部、国家粮食和物资储备局、水利部根据党和中央发展规划，统筹编制全国各地中央级应急物资储备规划。上述各部委下属各级、各地方行政单位根据中央和部委指示，开展属地内应急物资储备规划的统筹编制工作。

编制更新应急物资目录：应急管理部依据《GB/T 7027-2002 信息分类和编码的基本原则与方法》，编制并指导负责应急物资储备的单位使用全国统一编码和分类的目录，开展物资采购与储备的标准文件编制。目前我国已于 2020 年 3 月发布《GB/T 38565-2020 应急物资分类及编码》，并根据实际需要进行扩充。

编制物资采购预算和采购计划：应急管理部、国家粮食和物资储备局、水利部及下属各级、各地方行政单位依据历年物资储备与耗用统计报告、物资轮换分析报告，突发事件发生趋势报告，人口、企业等生产、生活及环境等基础数据，编制次年度要采购的包括物资品类、物资数量、采购预算等信息的应急物资采购预算和采购计划。目前我国财政独立，政府包括应急物资储备部门的采购事项要由财政部门进行预算审批，因此采购预算只有在经过和财政部门"二上二下"确定预算后，才可以在次年度根据采购计划开展实施采购活动。

物资采购与储备：应急管理部、国家粮食和物资储备局、水利部及下属各级、各地方行政管理单位依据财政部门审批的采购预算开展应急物资采购工作（具体采购工作可参照《中华人民共和国政府采购法》《中华人民共和国政府招标投标法》等文件）。已签订应急物资供应合同的供应商根据合同，将物资发往指定的应急物资储备单位，并在通过签收、质检等环节后由物资储备单位负责人对物资开展入库以及后续的盘点、出移库等仓储管理工作。

汇聚应急物资数据：应急管理部、国家粮食和物资储备局、水利部及下属各级、各地方行政管理单位在将属地范围内应急物资汇聚后，依托信息化平台实现逐级上报，最终形成我国"纵向到底，横向到边"的应急物资一张图，为国家应急物资统筹规划及救灾响应提供有力支撑。

（二）事发应对

目前我国自然灾害、事故灾难事件的应对主责单位是应急管理部门，因此事发应对阶段主要是事发地主责的应急管理部门根据事件烈度和影响范围以及持续时间等信息开展物资调拨，从而保障抢险救援工作的顺利展开。其活动主要包括：应急物资风险应对能力分析、应急物资调度预案、应急物资调拨调度、应急物资出库接收、应急物资运输调度等。

应急物资风险应对能力分析：应急管理部及下属各级、各地方应急管理部门通过应急物资保障综合应用平台中的辅助决策系统，对属地内储备的应急物资在应对各类、各级别突发事件时的应对能力进行模拟分析，从而找出应急物资储备的薄弱环节并进行行政补足，提升各地以及全国范围内突发事件的综合应对能力。

应急物资调拨调度预案：应急管理部及下属各级、各地方应急管理单位通过应急物资保障综合应用平台的辅助决策系统和专家会商，对属地各类各级别突发事件进行分类整合，并根据决策建议与意见，制定标准化的应急物资调拨调度预案，从而提高应急管理部门在面对属地内突发事件时的响应与物资调拨调度效率。应急物资调拨调度方案应具备自主学习能力，可以自行通过历次应对事件的物资调拨数据以及城市基础数据的变化进行深度学习分析和演化，提高预案的精准度。

应急物资调拨调度：目前我国应急物资的调拨调度分为普通调拨、紧急调拨、协同调拨、上报申请等方式。

普通调拨：应急管理部及下属各级、各地方应急管理部门为应对可能发生的灾害事故，提前从属地内应急物资储备单位调拨调度应急物资，发往预受灾区域的活动属于普通调拨。

紧急调拨：应急管理部及下属各级、各地方应急管理部门为应对即将或已经发生的灾害事故，临时或紧急从属地内应急物资储备单位调拨调度应急物资，发出并交由预受灾、受灾地区的应急管理部门、应急物资储备单位或者受灾现场相关负责部门或人员接收。紧急调拨和普通调拨的区别在于时效性强，紧迫性高，所以需要应急管理部门的审批流程精减，应急储备单位备货出库以及物流迅速，接收方式也要更加灵活，从而为紧急抢险救援工作提供保障。

协同调拨：应急管理部及下属各级、各地方应急管理部门在响应突发的自然灾害和安全生产事故时，如果涉及调拨调度粮食等基本生活保障物资和防汛抗旱的自然灾害特种装备物资并且需要向同级国家粮食和物资保障局、水利部门发起物资调拨调度协同，待对方行政确认后，各自向其直属物资库发起物资协同调拨调度。其中，由于我国各地存在多单位应急物资同存一库的情况，因此协同物资调拨与应急保障车辆调度时，应急物资保障系统要具备为应急物资储备单位提供灵活、高效、统一的物资备货出库以及归集的物流能力。

上报申请：当预受灾、受灾所在地区的应急物资储备难以满足突发事件应对的需要时，当地应急管理部门可以向上级应急管理部门发起物资申请，并由上级或更高级部门进行统筹安排，进行异地物资调拨调度。目前我国应急管理部制定了特重大突发事件的逐级上报和现场督导机制，且各地应急物资储备能力也不断完善，因此物资上报申请机制在现实中较少发生。

应急物资出库接收：应急物资储备单位在接到属地或异地应急管理部门的物资调拨通知后，根据物资调拨清单进行物资准备，并装运到指定的运输车辆或自行安排的运输车辆，运送到接收单位。接收方包括但不限于：应急管理单位、应急物资储备单位或者受灾现场相关负责部门或人员。

应急物资运输调度：运输调度可以由发起调拨的应急管理部门协同交通运输部门进行统一调度，也可以由应急物资储备单位进行自行安排。

（三）事后归集

事后归集是指突发事件成功处置后，属地应急管理部门或现场相关负责部门或人员对物资进行妥善处置的工作。主要活动包括应急物资回收、应急物资轮换等。

应急物资回收：成功完成抢险救援后，属地应急管理部门、应急物资储备单位或现场相关负责部门或人员对调拨给预受灾地区、受灾现场、受灾属地应急管理单位或应急物资储备单位的未使用或已使用但可以经过维修后继续重复使用的应急物资进行回收统计，并进行回收入库。

应急物资轮换：应急物资储备单位对应急物资储备库中过期或已破损的物资，在经过残值评估后，通过流入市场或销毁等活动进行物资轮换。注意：因非人为因素致使破损严重不能继续使用或超过储备年限无法使用的应急物资，须经有资质的单位检测即残值评估后，由储备单位及时向属地应急管理部门、财政部门报告，经主管部门审核批准后方可报废。对报废应急物资的可利用部分应充分利用。另外，应急物资报废处置的残值收入由储备单位按照有关规定，上缴属地国库。

第二节 企业应急物资储备计划

企业在应急处置工作中，既要利用自身能力保障生产、进行自救，也要在行业内进行多方合作，共同推进信息化、数据化供应链整合。科学合理地开展应急物资储备，是保障物资需求响应时效，提高应急物资管理质效的基础和前提。

一、应急物资需求

应急物资应按照制定的应急物资储备目录和定额标准，结合各单位实际，按照经济实用的原则进行储备。应急物资储备目录和定额标准按照应急预案要求定期进行修订，在同级预案中，不同预案所需同一应急物资的，按照不低于单项预案所需的最大量配备。储备目录以外的应急物资由各单位根据突发事件处置需要单列申请储备，并列入储备目录。应急物资实行按标准定量管理，根据物资消耗情况，及时补充储备，确保应急物资品种和数量符合预案要求。

二、储备模式

应急物资储备是对应急处置过程中所用的保障性物资进行储备，目前我国已存在实物储备、协议储备、协同储备、合同储备、生产能力储备等多种应急物资储备模式。

（一）实物储备

实物储备是直接储备应急救灾所需要的物资。该类储备模式下的物资在灾害发生时，可以第一时间被调用，应对突发事件初期物资消耗严重造成的短缺困难，对于控制灾情、保障生命财产安全具有重要意义。但实物储备并不能完全保障整个应急期间的物资消耗，且存在资金占用率高、库存压力大等弊端。

（二）协议储备

为缓解实物库存压力、充分利用社会资源，企业通过补贴、委托等方式与供应商签订物资储备管理协议，由供应商代为储备企业物资。协议储备模式可以降低实物库存积压，提高企业资金周转率及利用率。但该类模式灵活性较差，且双方的权利义务界定较难，容易出现物资信息共享不足、应急物资供应不及时的问题。

（三）协同储备

协同储备是指企业与协议供应商通过信息共享，协同计划、调整各自储备的应急物资品类、数量的一种储备模式。其中企业可储备使用频率较高的基础保障物资；协议供应商结合自身生产情况与所在地的实际需求，储备特定的专用物资等。该类模式可通过协同信息平台，满足各地区对应急物资的多样化需求。

（四）合同储备

合同储备是企业提前与拥有应急物资的供应商、社会团体或个人签订合同，在突发事件发生后可优先调用物资进行救灾的储备模式。该类模式可以缓解实物库存压力，并在突发事件发生后，迅速响应应急物资需求，完成物资调配。

（五）生产能力储备

对能够适应多种突发事件、面向全社会的大宗应急物资，一些供应商会进行必要的生产能力储备。该类模式可以在突发事件发生后，迅速生产、转产或研制救灾物资，在后期可以及时补充大量的物资消耗。但生产能力储备转化为实际应急物资需要一定时间，应急物资的响应速度较慢。

第三节　企业应急物资的管理

一、应急物资管理概述

（一）应急物资管理概念

应急物资管理，是指当突发事件发生后，迅速启动应急系统，包括启动应急物流中心和应急物流信息系统，并建立应急指挥机构。应急指挥机构根据事件的大小、性质、影响范围等，对所需应急物资作初步的需求分析，并通过应急物流信息系统查询应急物资的储备、分布、品种、规格等具体情况，决定应急物资的发放、数量、种类等，随后通过各种渠道筹措应急物资，组织运输与配送，直到送达需求者手中。

（二）应急物资管理

1. 应急物流

应急物流中心利用应急物流信息系统对应急物资的采购、储存、运输、配送等各个环节进行管理和监控，并将应急物资的相关信息反馈于信息系统，以供指挥机构分析情况得出决策。

应急物流信息系统内含应急物资数据库，可查询搜索应急物资的各种信息，还可以通过 GIS（地理信息系统）技术、GPS（全球卫星定位系统）技术、可视化技术等现代物流技术对应急物资的全过程进行实时监控，掌握最新动态。应急物流信息系统的重要作用还体现在为应急物资的调度、运输、配送提供优化模型，为指挥机构的决策提供智力支持，以便应急物资在最短的时间内以最快的速度、最安全的方式运送到需求者。

2. 应急物流信息系统

应急物资管理的全过程就是应急指挥机构和应急物流中心，在应急物流信息系统的基础上，对应急物资的信息进行收集、分析、反馈并得出决策的过程。因此，应急物资的管理必然依赖于应急物流信息系统，应急物流的快速实现必须加强应急物流信息系统的建设。应急物流信息系统是为满足应急救灾工作而建立的专用信息系统，对应急物流活动起重要的支持作用。

应急物流信息系统的主要功能有：第一，组织指挥应急物流，为应急物流情况收集分析、物流计划拟制、物流供应链关系划分、物流业务组织与协调、应急救灾工作等提供信息处理手段；第二，掌握应急物流处理能力，各类应急物资、装备的数量、质量、分布，以及运力、应急物流配送中心的存储收发能力、码头港口吞吐能力等相关信息的获取与处理；第三，掌握应急物流资源，应急物资、经费、设施、设备和土地等相关信息的获取与处理；第四，动态控制与指挥，对应急物流人员、装备、应急物资和运输工具的类别、数量、质量、位置、状态变化、情况处置和运输组织等信息的获取与处理，并可对途中的运输过程进行指挥调度；第五，应急物流业务处理，应急物流作业相关信息的获取与处理，如网上统计、请领、计划、调拨、结算、公文处理等；第六，辅助决策功能，建立应急物流的各种模型，为应急指挥机构和人员提供优化决策和选择，应急物流信息系统可由若干子系统组成，包括灾情监测预报系统、信息采集与分析系统、物资筹措系统、运输管理系统、配送管理系统、决策支持系统和综合数据库等。

二、应急物资的管理要求

应急物资的管理是对应急物资在需求分析、筹措、储存、保障运输、配送和使用直至消耗全过程的管理。对应急物资进行妥善的管理能够最大限度地减少自然因素和人为因素对物资理化性质的影响，保证其价值的充分发挥，保证在应急情况下各种物资的合理配发和使用，是实现应急物流快速保障的重要物质基础，也是衡量应急物流保障水平的显著标志。

应急物资在管理过程中的具体要求有：注重质量、确保安全、合理存放、优化流程、准确无误、全程监控。

"注重质量"是应急物资管理的首要环节。应当视质量为生命，没有可靠的质量保证就不会有高水平的应急物流。这就要求根据应急物资所处的具体自然环境，保持其自身的理化特性，为物资储存、运输、搬运等创造良好的外部环境。

"确保安全"是应急物流和应急物资管理的根本要求。安全工作是应急物资管理工作的基础。由于应急物流追求高速度，因此在应急物资的运输、配送、发放等过程中必须保证安全，做到安全稳妥，无事故发生，确保万无一失。

"合理存放"要求对应急物资存放的空间位置合理化，便于快速搬运、配送和管理，节省时间，提高效率。

"优化流程"是应急物资管理的内在要求。优化物资管理流程可以最大限度地减少物流环节，节省物流时间，符合应急物流追求时空效益最大化的特点。

"准确无误"是体现应急物资管理水平的重要标志。应急物流的高速高效运转并不是以牺牲准确率为代价的，而是要求准确掌握应急物资的数量、规格、品种、型号等信息，对应急物资的储存、配货、发放等过程做到绝对准确，严防各类差错事故的发生，严肃认真，做到不错、不乱、不差。

"全程监控"是指对应急物资从需求、筹措、储存、运输、配送到消耗整个过程动态和静态监督控制，需要收集应急物资的实时信息，为指挥机构判断情况，作出决策提供可靠依据。

三、应急物资管理流程

（一）应急物资采购

常规的物资采购通常数量有限，且地域性集中。而应急物资的采购与常规物资明显不同，通常具有不可替代性、不可预测性和滞后性等特点。尤其是在突发公共事件发生的情况下，它会给整个企业市场的生产经营带来重大影响，主要表现为影响范围广、破坏力强和持续时间长。此时，应急物资的采购甚至会关系到人们的生命财产安全，因此更加强调时效性，要求在短时间内达到高质量的采购成果。

1. 加快推进数字化进程，建立应急采购大数据平台

在应急管理中，很多物资会出现"有者卖不出，缺者买不到"的情况，这是采购信息不平衡的结果。通过建立起统一的应急物资采购电子化平台，利用好现代信息技术手段，将"互联网＋供应链"变为主要的采购方式，发挥大数据、电子化采购的资源优势，能够实现数量、时间和质量等供应数据在应急物资采购大数据平台的整合，准确及时对接应急物资供需双方，从而使应急指挥部门能够随时了解物资的需求和供应情况，并依靠应急采购大数据平台发挥调度控制作用，对重要物资进行统一管理和分配，从而有效地保障企业的物资供应，高效率地应对突发事件。

2. 推进招投标全流程电子化

通过加快推进招投标电子化进程，取消现场考察，实现招投标双方网上开展业务工作，能够确保企业公共资源交易活动有序进行，从而使经济平稳运行。另外，在科学技术发展情况下全面推行电子化招标采购，也能够使众多企业在网上形成公平竞争的局面。利用大数据信息技术有效规范市场秩序，有效避免因紧急采购导致的哄抬物价、质量差异大等情况，避免围标、串标等状况的发生。在提升效率的同时确保评标过程的公平性，从而为今后的招投标工作创造良好有序的环境条件。

3. 建立应急采购制度

应急采购工作中容易发生意外情况，不能完全依靠供应商的自觉性和自我

管理，必须有法律和制度的保障。因此，必须建立起完善的应急采购体系和采购制度，如供应商竞争制度、监督管理制度等，解决特殊时期应急采购可能引发的问题。对于随着时间推移出现的新型特殊问题和情况，也要详细进行参考，并通过建立统一的应急物资公共采购预案，详细规定采购的流程。完善应急物资储备体系。对于满足保存周期长、生产难度大和需求量大等条件的应急物资，要建设合同式储备平台、完善应急储备体系，缓冲调节不确定因素。在此类仓储管理工作中，要遵循"统一规划、分级储备、突出重点、品种齐全、动态储备"的原则，按照科学、合理的仓储管理方法，实现应急物资仓储的定时更新和供应保障。同时，物资储备量需要按照实际情况和预测信息随时进行调整，以保证能够及时有效地进行供应。

（二）应急物资的存放管理

应急物资储备实行 24 小时封闭式管理、专库存储、专人负责，定期清查、盘库；储备单位建立健全各项救灾储备管理制度，包括应急物资管理制度、管理经费财务核算制度、物资管理核算制度等。应急物资入库、保管、出库等应有完备的凭证手续，做到账实相符、账表相符。应急物资管理部门应及时组织相关部门对新入库应急物资进行质检验收，在验收完毕后及时将质检验收的相关情况报应急主管部门进行备案。应急物资储备仓储管理要严格按照国家相关仓储管理标准执行，仓储库房应避光、通风性能良好，具有防火、防盗、防潮、防损害、防污染等要求。入库存储的物资应有专人保管，仓储物资应标明物资名称、规格型号、物资产地、数量、相关质检入库情况等，具有使用期限要求的物资应标明有效期。储备物资应指定地点按照物资分类存放、堆放整齐，存储地点要按照相关特殊物资存放要求，避免应急保障物资发生质变或受损。

（三）应急物资运输

突发事件发生后，处理应急事件生产协调部门会立即启动应急系统，应急指挥部门根据事故或事件的大小、性质、波及范围等情况，对所需的应急物资进行初步的分析确认，能够及时通过应急物资管理台账或相关应急物资信息系统进行查询，及时调阅相关应急保障物资的储备数量、存储地点、物资品种、规格型号等情况，应急物资调拨运输应当选择安全、快捷的运输方式。紧急调用时，各单位要积极响应，通力合作，密切配合，建立"快速通道"，确保运输畅通。

第四节　实务演练

一、案例分析

（一）福建某地××公司爆炸火灾事故[*]

2015年4月6日18时54分，福建××公司发生爆炸。福建消防总队接警后，调派9个支队、889名指战员并携带425吨泡沫液赴现场处置。应急管理部消防局调集广东总队38辆消防车、179名指战员，并从山东、江苏、广东、江西筹措1048吨泡沫液增援。福建省委、省政府及消防局等领导先后到场指挥，经68小时奋战，将大火扑灭，保住了毗邻的6个储罐和大量油气管线及整个古雷半岛安全。

（1）基本情况。××公司位于漳州某地经济开发区，占地2085.6亩，年产160万吨PX。厂区分为原料罐区、仓库、中间罐区、成品罐区及生产和配套设备区，有各类化学品储罐76个，总容量70.8万立方米。事故原因为在生产过程中芳烃联合装置吸附分离区102号塔底送料管线断裂，物料泄漏，遇明火爆炸，引燃周边装置，并引起607号、608号、610号三个重石脑油、重芳烃重整液储罐同时起火燃烧。事故造成6人受伤，直接经济损失9457万元。

（2）处置经过。4月6日18时58分，漳州消防支队指挥中心接警后，迅速调集89辆消防车、389名指战员赶赴现场处置。消防总队接报后，调集厦门、泉州、福州等9个支队和2个专职队力量增援。19时3分，辖区大队到场，现场有多人受伤，607号、608号、610号储罐猛烈燃烧，邻近的5万立方米凝析油易熔盘储罐、2万立方米常压渣油外浮顶储罐和1万立方米二甲苯罐组受到

---

* 本案例资料来源于福建省应急管理厅．腾龙芳烃（漳州）有限公司"4.6"爆炸着火重大事故调查报告［EB/OL］．北极星电力网，https://news.bjx.com.cn/html/20150825/656398-1.shtml，2015-08-25.

火势威胁，随时有爆炸燃烧危险。参战指战员立即将 6 名受伤职工转移到安全地带，架设 5 门移动水炮冷却储罐及装置；组织关阀断料，输转物料；同时启动燃烧罐区及毗邻罐区未被破坏的固定消防炮和自动喷淋冷却系统。

21 时 18 分，当地支队全勤指挥部及所属力量相继到场，立即部署 29 门移动炮对储罐和装置实施冷却保护。22 时 45 分，总队全勤指挥部和增援支队力量相继到场，增设 15 门移动炮加强冷却重石脑油、重芳烃重整液罐组，派员登上 2 万立方米常压渣油外浮顶储罐 102 号罐顶，利用泡沫管枪及时消灭密封圈明火。

7 日 9 时 50 分、11 时 25 分、17 时 5 分，607 号、608 号、610 号罐火势相继被扑灭，现场保持持续冷却。8 日 2 时 30 分，608 号罐沸溢喷溅，将 2 台消防车烧损。11 时 5 分，609 号罐顶部突然爆裂发生燃烧。现场指挥部立即部署福建、广东消防总队参战力量利用高喷车、车载炮、移动炮对 607 号、609 号两个着火罐进行冷却，对直接受火势威胁的 202 号凝析油罐进行全覆盖冷却，防止发生险情。9 日 1 时 10 分、2 时 57 分，607 号、609 号罐明火被扑灭，现场转入工艺处置阶段，至 4 月 14 日罐内残液排空，现场监护力量归建。

2020 年 9 月 23 日，福建省政府安委办成立了由省应急管理厅牵头，省公安厅、省工业和信息化厅、省市场监督管理局、省总工会、省消防救援总队有关人员组成的事故评估工作组，同时，邀请了省纪委监委派员参加（因故无法参加）。依据事故调查报告和福建省政府批复要求，在漳州市以及其他地市、省应急管理厅、省工业和信息化厅、省市场监督管理局等单位自查评估的基础上，梳理出事故责任，追究刑事人员 13 人，给予党政纪处分人员 11 人，给予查处的其他人员 9 人，给予诫勉谈话、责令作出深刻书面检查人员 6 人，给予 5 家单位及其主要负责人行政处罚，给予问责建议 2 条，以及事故防范措施建议 5 个方面 36 条的评估清单。评估工作组对各地和省直有关部门单位提交的重大事故整改措施落实情况“回头看”书面报告进行全面审查，同时赴漳州市开展现场检查评估，采取调阅事故原始档案、查阅相关文件资料、座谈问询、现场核查、听取汇报等方式，对事故防范措施及责任追究、行政处罚落实情况逐项进行检查评估，提出评估意见，形成评估报告。

思考·讨论·训练：

1. 结合案例，梳理一下此次危机在应对过程中存在哪些问题？

2. 在事故发生初期，哪些原因导致爆炸火灾没有得到第一时间处理？

3. 结合案例说说对于化工企业来说，应急物资储备起到哪些重要作用？

4. 这一事件给同行业其他企业带来哪些启示？

（二）江苏某地 ×× 化工有限公司爆炸事故 *

2019 年 3 月 21 日 14 时 48 分，江苏某地生态化工园区 ×× 化工有限公司发生爆炸事故。江苏省消防救援总队接报后，调派 13 个支队、192 辆消防车、930 名指战员和 4 条搜救犬赶赴现场处置。应急管理部时任党组书记黄明带领相关人员赶赴现场，指导救援工作。经全体参战人员 82 个小时奋战，消防救援队伍共搜救出 164 人，疏散转移 150 余人，监护转输危险化学品近百种、超十万吨，有效保护了国家和人民群众生命财产安全。

1. 基本情况

事故企业位于某地 ×× 化工园区，该园区规划面积 10.5 平方千米，现有化工企业 56 家。×× 公司成立于 2007 年，占地面积约 14.7 万平方米，现有职工 195 人，主要从事染料中间体、表面活性剂等生产。发生爆炸区域为企业存放固体危险废料的仓库，爆炸总能量约为 260 吨 TNT 当量，造成 78 人死亡，76 人重伤，640 人住院治疗，直接经济损失 19.86 亿元。

2. 处置经过

3 月 21 日 14 时 48 分，爆炸发生后，距离事发地仅 1.6 千米的 ×× 化工园区政府专职消防队闻声出动。14 时 50 分，某县消防救援大队接到报警，调派 4 辆消防车、18 名消防指战员赶赴现场；某地支队接报后，调集全勤指挥部及 5 个消防中队、1 个专职队共 20 辆消防车、99 名消防员赶赴现场，并通报市应急管理、公安、电力、卫生、环保等联动部门。15 时 05 分，某地支队又调派 7 个消防中队、7 辆消防车、32 名指战员增援。15 时 20 分，总队全勤指挥部响应出动，先后调集 12 个单位、157 辆消防车、769 名消防指战员、4 条搜救犬、20 台工程机械车赶赴现场增援。应急管理部指挥中心接报后，黄明书记第一时间通过视频了解现场救援情况，并赶赴现场指导事故处置工作。

---

* 本案例资料来源于大众网针对该事件设立的新闻专栏：https://www.dzwww.com/2019/YC_164777/，2019−03−24.

3月21日15时03分，××化工园区政府专职队到达现场，发现厂区内和道路上有大量受伤群众，××企业储罐着火。15时26分，响水大队到场，全力开展人员搜救。15时40分许，盐城、连云港、盐城等增援力量陆续到场，深入周边企业开展人员搜救，并部署精干力量从企业南门进入，布置6门移动水炮，对3个着火储罐进行冷却保护。

3月21日19时43分，总队全勤指挥部到场，下设灭火、侦检、搜救等8个工作组，制定了"灭搜同步、重点控制、筑堤设防、全程监护"的战术。23时45分许，黄明书记带领部工作组到达现场，了解灭火救援及伤员救治情况。22日1时40分许，总队指挥部组织17门移动炮对着火罐区进行强攻灭火，同时部署力量扑救周边5处火点。5时许，罐区3个储罐和其余5处明火被扑灭。

3月22日8时，现场灭火任务完成后，总队现场指挥部重新调整力量部署，抢抓72小时黄金搜救时间，转入全面搜寻失联人员阶段。总队现场指挥部将1.2平方千米的爆炸核心区划分为13个片区、65个网格，组织消防指战员采取"化整为零、拉网排查、消除盲点"的措施，逐个区域开展地毯式搜救，同时，组织20辆大型工程机械，在水枪掩护下进入现场破拆、清障，深入倒塌装置、储罐、建筑等区域，逐片逐栋搜寻失联人员。

3月22日当天，消防救援队伍搜救出12人，在搜救过程中有1名消防员不慎跌倒受伤，手部、脚部被强酸灼伤；3月23日，消防救援队伍搜救出12人，其中1人生还；3月24日，总队现场指挥部将搜救范围扩大到2平方千米，搜救出1人。截至3月25日0时，全部失联人员均被找到。

思考·讨论·训练：

1.请通过查找资料，分析应对此次灾害有哪些特点？

2.结合案例，说说该企业在应急物资储备方面存在哪些问题。

3.请为该企业拟定一份日常应急物资储备清单。

二、技能训练

（一）案例背景

某建筑工程有限公司是一家专营建筑起重机械租赁的企业。公司经济实力雄厚，公司现拥有专业起重机械安拆三级资质；公司自有塔式起重机 30 台，施工升降机 15 台；全部服务于工地，处于工作状态。

几年来，经过公司全体员工的不懈努力，迄今已发展成拥有资产 1200 余万元，各种人才云集的企业。公司现有职工 120 余名，其中国家认定的二级项目经理 2 人，公司有中高级职称的工程技术和工程管理人员共 20 人，初级技术管理人员 8 人。公司注重技术的改进和设备的更新换代，近年来淘汰了一批旧有的机械设备，引进先进的机械设备，实现了生产的现代化。发展实业、振兴企业是企业的发展目标，不骄不躁、严谨踏实是公司的一贯工作作风，几年来，公司在已有成绩的基础上，不懈努力、开拓进取，在省内外建筑市场上占有了一席之地，赢得了广大客户及建设主管部门的好评，被评为"质量信得过单位"。

公司自成立以来，不断谋求新的发展，承接了省内外数十项大型的起重设备租赁及安拆工程，取得了多项荣誉称号，积累了丰富的施工经验，掌握了各种新型施工技术。多年来，该建筑工程有限公司恪守"质量第一、客户至上"的服务宗旨，遵循"优质、高效、团结、奉献"的工作态度，为社会创造了一大批优质精品工程。

公司由一支强有力的领导班子带领公司员工组成一个团结的战斗团体，下设工程安检部、工程管理部、经营开发部、工程业务部、物资部、财务部及办公室 7 个部门，负责公司的总体规划及运营。公司狠抓质量关，求信誉，谋发展，提高企业知名度，并通过对公司员工的技术教育和知识考核，强化公司上至领导下到员工的质量生存认识；公司重管理、讲效率，向规模经济要效益，为严格公司纪律、明确责任、提高工作效率，引进了当前先进的管理体制，完善了各项规章制度，把责任明确到公司的每一位员工身上，出现问题能够迅速解决，把事故消灭于萌芽；企业要发展，人才是关键，公司为谋求长远发展，建立并完善了人才资源库，努力做到让所有员工人尽其才，才尽其用，让其在本岗位上发挥特长，尽忠职守。

请为该企业拟定一份应急物资储备方案，并附应急物资储备清单。

（二）实训步骤

应急物资是突发事件应急救援和处置的重要支撑。为全面加强公司应急物资储备工作，提高预防和处置突发事件的物资保障能力，建立健全公司突发事件应急物资储备体系，特制订本方案。

（1）根据企业的实际情况，明确企业应急物资储备方案的基本原则（以人为本、维护稳定原则；统筹协调、相互调剂原则；明确责任、各负其责原则；拓展形式、提高效能原则）。

（2）明确企业应急物资储备方案的组织领导。成立应急物资储备工作领导小组，由安全部门部长任组长，成员由各职能部门组成。

（3）根据企业的经营行业，确定企业的储备种类及任务。

（4）根据行业特点和企业储备物资的种类，明确企业应急物资储备所需资金（专业应急物资和基本生活物资）。

（5）明确储备物资的管理（日常管理、数据管理、调度管理、征用管理）。

（6）在附件中明确企业的应急物资储备清单（范例如下）。

应急物资储备清单

填报单位：××建筑工程公司　　　　　　　　　填报日期：

序号	应急物资装备名称	规格型号	数量	单位	主要用途及要求	备注
1	面包车	7座	1	辆	运输应急救援人员	
2	手提切割机		3	台		
3	氧气切割机		2	套	切割金属	

填报人：　　　　　　　　　　　　　　　　审核人：

（三）实训要求

（1）撰写应急物资储备方案。

（2）实训分小组进行，根据班级人数，每组4~6人。

（3）各小组派代表上台汇报，接受同学质询。

（4）每组派一名代表担任评委。

（5）老师对各小组的应急物资储备方案及汇报过程进行评价，指出存在的问题。

企业应急物资储备制度

应急物资是突发事件应急救援和处置的重要支撑。

企业应成立应急物资储备工作领导小组。领导小组的职责是：研究建立企业应急物资储备工作机制，确定企业应急物资储备的品种、数量等。统筹企业应急物资的使用调配，及时向上级部门报告事态变化情况，请求支援。

领导小组负责完善应急物资储备的品种、数量、金额。协同相关职能办核定实施应急物资储备各项费用开支。检查应急物资储备情况。管理企业应急物资储备信息，掌握应急物资状况，及时、准确地为领导小组提供应急物资储备动态。

一、储备种类及任务

应急储备物资主要包括应急期间需要的处置突发事件的专业应急物资和基本生活物资。各相关部门根据各自职能，完成各自应急物资储备任务。

二、储备所需资金

1.专业应急物资（抢险救灾物资及装备器材）

专业应急物资主要是指抢险救灾物资及装备器材，主要采取统一采购、统一储备的形式。

2.基本生活物资

基本生活物资的储备也是应急物资储备的重要方面。

三、储备物资的管理

1.日常管理

专业应急物资、基本生活物资的日常管理由各相关职能部门通过建立相应的储备物资管理制度自行管理。应急物资使用后应尽快补充，实行动态管理。

2.数据管理

由应急办会同各相关职能部门将企业专业应急物资、基本生活物资及应急药品物资建立台账，动态更新，以便应急领导小组在处置各类突发事件时及时、准确地调用各类物资、设备。

3. 调度管理

应急物资调用根据"先近后远，满足急需，先主后次"的原则进行。一般情况下，由各职能部门自行制定调用制度。发生需调用多个职能部门储备的应急物资，或需要由应急办统一处置并动用的应急事项时，由应急办提出调用需求。

4. 征用管理

在应急储备物资不足的紧急情况下，可实行"先征用、后结算"的办法。应急物资使用后，由应急物资储备工作领导小组负责落实结算资金。

课后练习

一、名词解释

应急物资　事前准备　事发应对　事后归集　应急物资储备　协议储备协同储备　合同储备　应急物资管理

二、简答题

1. 简述应急物资的特点。

2. 应急物资可以分为哪几类？

3. 应急物资储备与管理主要活动有哪些？

4. 影响应急物资储备的因素有哪些？

5. 应急物资的管理包括哪些内容？

三、论述题

1. 应急物资的储备模式有哪些？

2. 如何制订应急物资的储备计划？

3. 基于物资特性的应急物资储备策略有哪些？

4. 论述应急物资的管理要求。

5. 应急物资的管理流程是什么？

企业职能篇

第七章　企业危机沟通

→ 导入案例

2022年某日，某美妆品牌在某团购平台推出一个区域性的促销活动——指定口红10元一支，线下门店提货，这一促销活动受到广大消费者的喜爱。但有一部分下单成功的消费者前往提货时却被告知因缺货，无法兑换促销款口红。因提货受阻，当天中午，就有消费者向当地消协提出集体投诉，投诉量过千。

该美妆品牌在接到当地消协的反馈后，立即在官方网站、微博、微信公众号表态：立刻展开对事件的调查，会尽快将调查结果向公众公开。该美妆品牌立即成立该事件的专项调查组，委托当地第三方机构对事件展开摸底和调查。经第三方机构查实，企业在做促销活动之前，已告知该团购平台需要对促销款口红的下单数量进行限制，但由于系统的数量限制在访问量骤增的情况下出现异常，没有按照设定进行数量限制。且未向当地线下门店告知可能出现同款商品挤兑的情况，线下门店并未做好相应准备，储备足量的库存。

鉴于以上情况，该美妆品牌在事件发生第三天通过官方渠道发布道歉信称：活动因系统原因导致在短时间内产生了远超线下门店库存的大量订单，公司决定采取线下补货的方式继续履行没有兑换的订单，如愿意继续线下执行订单的消费者可到线下门店进行兑换，期待您的信任和光临。在此，对于给消费者带来的不便深表歉意。

该美妆品牌原本便因兑换受阻已引起消费者不满，激发公众的负面情绪。在事件发生后两天内，企业针对事件给出了明确的调查结果和处理方案。在道歉之后，消费者对事件的负面反应才逐渐平息，更有消费者在企业的官方账号下反馈，凡是进店兑换消费者还加赠了口红刷，虽说赠品微不足道，但体现了企业在危机中寻找机遇的决心。

第一节　企业沟通概述

一、危机沟通的概念

危机沟通是指个体或组织为了防止危机的发生、减轻危机造成的破坏或尽快从危机中得到恢复而进行沟通的过程，危机沟通以沟通为手段、以化解和规避危机为目的。

根据迈克尔布·兰德（Bland，1998）给出的理论，企业沟通的对象大概涵盖四大方面：被危机所影响的群众和组织、影响公司运营的单位、被卷入在危机里的群众或组织、必须被告知的群众和组织。依据此种划分，企业的危机沟通对象其实也就是企业的利益相关者，即投资者、企业员工、工会、政府及社会中介组织、媒体、顾客、供应商、经销商、竞争者等。企业如果不能够与他们进行很好的沟通，必然会产生不同类型的危机。

二、危机沟通涉及范围

危机沟通涉及组织内部沟通，包括管理者与员工之间的沟通；涉及组织外部沟通，包括与媒体、政府职能部门、社区、公众消费者等方面的沟通。

危机沟通根据危机形成和发展的不同阶段可以分为危机事前沟通、危机发生时的沟通和危机事后的沟通。

从危机事前到危机事后的沟通过程并非理想的有效沟通过程，特别是由于危机爆发时所产生的破坏性组织文化和成员的危机认识的差异、组织外部社会等因素的存在，会导致危机沟通不畅或未能达到沟通的目的和目标效果。导致危机沟通失败的障碍大致如下。

1. 缺乏危机沟通意识

一些企业或者是管理者对企业眼前的发展没有深刻的认识，被企业的良好发展蒙蔽，没有对企业进行危机评估，一旦危机发生企业不能很好地面对，将会造成企业的衰败，影响企业形象。

2. 封闭式的组织文化

组织文化是组织长期形成的，是组织成员共同的价值观和行为准则。在封闭的组织文化中，组织内部缺乏有效的纵向和横向沟通，组织外部缺乏与利益相关者和其他相关组织或机构的沟通。危机发生时内部组织混乱，外部谣言四起，将加大外部对组织的压力，使事态恶化。

3. 缺乏预警系统

危机发生前总有些迹象表明危机的发生，但由于企业缺乏必要的预警机制，企业的管理者没能真正认识事情的发展。相反，他们互相推脱责任，对于产品的销售、质量以及顾客的反应没有真正的认识，在互相推脱中危机扩大。

4. 不善倾听

企业的上层管理者对于企业一线员工及主管人员等危机反应感应者的反馈置若罔闻，不能听进他们对企业发展的建议以及对危机的感知。当危机发生时企业的管理者无法应对危机的发生，使企业遭受重创。

5. 提供虚假信息

当危机发生时以及危机发生的反应阶段基层向领导反映虚假信息，或者通过舆论掩盖真实情况，做表面文章；而不进行有效的沟通，欺骗消费者，失去第一时间对危机的控制力，陷入极其被动的局面。

6. 缺乏应变机制

由于组织平时在较为平稳的、正常的公司运作，缺乏危机沟通意识，在危机发生前无法做好准备，危机发生时措手不及，最终导致危机管理失控。

三、危机沟通的原理

（一）"三 T"原则

（1）以我为主提供情况（Tell you own tale）。

（2）提供全部情况（Tell it all）。

（3）尽快提供情况（Tell it fast）。

以你为主提供情况，你成了信息的主渠道，公众把你作为主要的信息来源，别人的声音就无足轻重了；你提供了全部的情况，即使有人想造谣也没有素材，尽快提供情况，就能先声夺人，不用在不利信息满天飞的时候被动"辟谣"，掌握危机中的主动权，在危机沟通中掌握主动，有利于扭转危机的形势，将危机转变为商机。

（二）沟通公式

（3W+4R）8F=V1 或 V2

3W 是指在任何一场危机中，沟通者需要尽快知道三件事：我们知道什么（What did we know），我们什么时候知道的（When did we know about it），我们对此做了什么（What did we do about it）。寻找这些问题的答案和一个组织作出反应之间的时间间隔将决定这个反应是成功还是失败。如果组织面临危机认识得太晚或者反应太慢，掌控全局就变得困难。危机中最大的敌人就是正规渠道的信息真空，其他渠道的信息就会填充，就会作出错误的举措，不仅会丧失危机中的主动权还会将危机扩大化。

4R 是指在收集正确信息后，对组织在危机中的态度给予定位。这四个方面是遗憾（regret）、改革（reform）、赔偿（restitution）、恢复（recovery）。与危机打交道，一个组织要求表达遗憾、保证解决措施到位、防止未来相同事件的发生并且提供赔偿，直到安全摆脱危机。

8F 则是沟通时应该遵循的八大原则。

（1）事实（factual）：向公众沟通事实的真相。

（2）第一（first）：率先对问题作出反应。

（3）迅速（fast）：处理危机要果断迅速。

（4）坦率（frank）：沟通情况时不要躲躲闪闪。

（5）感觉（feeling）：与公众分享组织的感受。

（6）论坛（forum）：公司内部建立一个最可靠的准确信息来源，获取尽可能全面的信息。

（7）灵活性（flexibility）：对外沟通的内容不是一成不变的，应关注事态的变化。

（8）反馈（feedback）：对外界信息作及时反馈。

如果 3W、4R 和 8F 做得好，组织在危机中会成为 V1，即"勇于承担责任"。即组织很负责任，会想尽办法解决问题并且让他们满意，将组织在危机中所处的地位转换，从被动转变为主动。将危机转变为商机，重新树立组织形象。如果组织 3W、4R 和 8F 做得不好，就可能被当作 V2 也就是"恶棍"。公众将认为组织的行为和言辞避重就轻、不上心和不负责，这会导致雇员一直消沉、顾客投诉、管理层动荡、技术员工流失等，不仅不会解决危机，还有可能将问题扩大化或恶化，严重危害到企业信誉、企业形象。

四、危机沟通的作用

（一）有助于提升企业管理者的相关素质及管理水平

危机管理过程从某种意义讲是危机沟通的过程，因此企业管理者必须具备良好的沟通能力。良好的沟通能力是个人素质的重要组成部分，同时也是职业管理者获得成功的基石，尤其在现代企业的管理中，对沟通水平的要求在不断提高，只有成为有效的沟通者，才能达到良好的管理效果，才能成为优秀的管理者。

（二）有助于企业内部关系的调整，增强企业凝聚力

做好危机发生后的传播沟通工作，这是控制和妥善处理危机的关键。良好的危机沟通能够减轻企业内部压力，也让内部员工了解、参与其中来共同解决危机，使企业上下统一思想，树立战胜危机的信念。

（三）有助于改善处于危机中的企业的外部环境，促进危机的成功化解

在企业发生危机时，危机沟通成为联系外界和内部的神经系统，让外界了解危机发生的背景、公司采取的措施，让利益相关者消除顾虑，获得消费者的理解与支持。良好的危机沟通有助于缓和企业与公众之间的矛盾，维护企业的正面形象，促成危机的尽快解决。

第二节　企业组织内部的沟通

一、组织沟通风格

组织沟通风格受组织文化的影响，一般有三种表现形式。

（一）自上而下的强势沟通

如果组织的最高领导者是个强势的人，则组织的沟通风格表现为领导者集多种权利于一身，其独断专行的个性造成很少与组织成员进行交流，基本上是自上而下命令式的沟通，不太顾及组织成员的情感和精神需求。

（二）双向的民主沟通

如果组织的最高领导者是个民主的人，则组织的沟通风格表现为上情下达、下情上达的民主式双向有序的沟通。民主型的领导通过部分授权给组织成员，鼓励组织成员参与管理与决策，注重调动组织成员的工作积极性。

（三）自由无序的沟通

如果组织的最高领导者是个缺少管理经验但注重沟通的人，则组织的沟通风格表现为鼓励组织成员自由言论，但组织沟通缺少有序的管理，导致沟通效果不佳，组织效率低，影响组织目标的实现。

二、组织沟通的形式

（一）正式沟通

1. 会议

包括董事会、中高层管理者例会、管理质询会、部门或项目例会、全员年会、跨部门或部门内业务专项讨论会、定期的员工沟通会、演讲会或辩论会等。

2. 报告

包括年、季、月、周的工作计划与总结、各项工作报表（年、季、月、周、天的业绩结果工作报表）、各项工作记录（用于工作分析或知识积累）等。

3. 调查

包括客户满意度调查、市场调查、员工满意度调查等，用于了解需求，分析不足。

4. 培训

包括新员工培训、领导者与管理者培训、专业培训、通用技能培训等，多以体验式、课堂式、交流研讨会、读书会等形式进行，须注重培训效果的巩固与应用。

5. 面谈

包括管理者与员工进行的一对一、一对多或多对多的面谈沟通，有效征求员工意见，反馈绩效信息，激励员工行为等。

6. 书面交流

通过管理流程制度文件发布、公司与部门文档管理、系统、内部网络、刊物、展板、纸质文件批复、小纸条、内部共享服务器等多种形式，促进信息的内部共享、企业文化宣传、提高制度知悉度、促进知识积累、促进企业管理效率提升。

（二）非正式沟通

1. 旅游

通过组织团队旅游的方式，促进员工相互了解，保持和谐关系，提高团队合作的效率。

2. 节日或司庆活动

通过春节联欢、圣诞、感恩等节日活动，宣传企业文化、增进团队凝聚力；在司庆日可举办司庆典礼活动、员工家庭日活动等，提高员工对企业的自豪感和归属感。

三、改善组织沟通效果的方法

（一）最高领导者改变沟通风格

最高领导者如果是自上而下的强势沟通风格或是自由无序的沟通风格，则需要改变自己的沟通风格，使更多成员参与组织沟通，并通过有效的沟通管理，促进好的沟通效果的实现。

（二）提高全员的沟通技巧

由人力资源部组织全员沟通技巧的培训，促进员工的沟通能力。

1. 改变沟通心态

建立平等、尊重、设身处地、欣赏、坦诚的沟通心态。

2. 清晰和有策略的表达

不同的事情，采取不同的表达方式。口语沟通做到简洁、清晰、对事不对人、注重对方感受；同时多利用身体语言与语音语调等，使对方易于理解，并产生亲和感。书面沟通做到有层次、有条理，学会运用先"图"后"表"再"文字"的表达方式。

3. 仔细倾听

专注、耐心、深入理解式地倾听发言者所表达的全部信息，做到多听少说。

4. 积极反馈

对信息发送者所表达的信息给予积极的反馈（书面或口语回复、身体语言反馈、概括重复、表达情感等）。

（三）建立组织沟通制度

有效的组织沟通制度，能够规范组织沟通规则，增强全方位（纵横与内外交错）的组织沟通频次与途径；同时，通过对沟通中不良行为的约束，促进员工行为的一致性，提高组织沟通效率与效果。

（四）鼓励优秀的沟通者

对组织中沟通工作做得好的部门与员工，如主动提建议者、沟通影响力佳者（通过有效的沟通，使产品销量或知名度提升，或通过沟通有效处理客户投诉或危机公关等），给予物质和精神上的奖励，宣传他们的优秀事迹。同时，让他们分享沟通的经验和成果，以促进全员沟通的积极性和沟通技巧。

优良的组织沟通，是全员的共同责任，但关键责任在公司的中高层管理者，因为他们在组织沟通中具有重要的影响力。因此加强中高层管理者的沟通意识并提高沟通技能，是促进企业沟通效果的关键。

第三节　企业危机外部沟通

一、企业外部沟通的对象

企业的公共关系面临诸多方面的挑战，利益相关者包括政府及主管部门、新闻媒体、客户、社区、协作者、竞争者、员工和股东、金融机构等。企业在与不同的利益相关者进行沟通时，应该选择适应沟通对象的策略。

（一）政府及主管部门

企业在与政府打交道的过程中可以谋求到两个方面的利益：一是通过与政府增进相互了解，使影响企业生存空间的法规与政策维度对企业更加有利；二是充分利用政府的服务功能与资源帮助企业提高其市场与非市场竞争力。

（二）新闻媒体

作为企业，正确处理危机的关键问题在于，是否能在企业利益和社会责任之间寻找到平衡；如果无法找到，那么是企业利益还是社会责任优先？而对于媒体而言，他们代表的是公众利益，社会责任感让他们别无选择，只能把公众利益置于企业利益之上。媒体有责任把危机的真相挖掘出来告诉公众。在这种情况下，企业公关与新闻媒体的冲突无可避免。

媒体公关要注意其长期性和必要性。从日常运作来看，新闻媒体与企业不存在必然的关联，新闻媒体对于企业而言无关紧要，然而，当企业危机真正来临之时，新闻媒体则成为企业危机公关处理至关重要的一环。

建议企业高层或公关部门主动拜访媒体有关人士，接受专访，建立企业与主流媒体的长期联系，保证主流媒体在危机发生之时不会火上浇油，保证其公正性。在危机处理过程中，企业通过向媒体发布新闻稿、通过新闻发言人回答媒体提问、召开新闻发布会等形式应对来自媒体和公众的质询。积极、主动地消除公众的疑虑和不安情绪，是企业处理危机制胜的法宝。

（三）客户

客户关系管理为企业提供全方位的管理视角，它赋予企业更完善的客户交流能力，为企业利益和客户收益带来最优的平衡。"上帝永远是对的"，销售、合同签订、售后服务、尾款追收等都需要企业与客户进行长期有效的沟通，在这过程中也就更需要企业相关人员进行更为人性化的服务，建立长期的企业品牌。而在合同谈判过程中，始终应该引入专业法律顾问，防止不必要的损失。

（四）社区

社区是企业生存发展的外部环境，企业正确处理与社区的关系是企业与社区和谐发展的核心。企业采取适当有效的策略，得到社区公众的支持，与社区建立长期互惠互利的伙伴关系，是企业实现可持续发展的基础。

开放企业某些设施为社区公众提供便利、赞助某些社区活动和项目、参与社区活动的组织管理并提供人力物力支持、参与不同的社区组织等，都可以让企业更好地融入所处的社区之中，为社区和企业的共同发展和不断进步打下坚实的基础。

（五）协作者和竞争者

企业在运营的过程中，由于专业化分工不断细化，各种不同的协作者会为企业提供各类型的服务。如中介代理、广告策划、媒体沟通渠道等，企业选择专业机构为其服务，可以为企业带来极大的绩效改善——术业有专攻，专业的服务机构有专业的知识和能力，外包服务可以为企业解决人力资源冗余的问题。但是，在选择专业服务机构之前，需要进行完整的时间规划与空间预留，为企业项目的完成提供保证。

与协作方沟通过程中，在保证双方利益的前提下，最重要的是明确彼此的权利和义务。明确彼此权利和义务，就会涉及合同管理和诉讼风险，此时企业需要建立完善的法律顾问制度，为彼此关系的管理提供法律上的保证，降低诉讼风险。

（六）员工、股东

员工与股东作为企业最直接的利益相关者，是企业的内部客户。企业在与员工、股东沟通的过程中，应该保持一定的沟通频度，信息也一定要保持对称。

（七）金融机构

目前，经济发展形势错综复杂，在重重压力下，很多企业首先面临的就是资金问题。而企业在向银行等金融机构申请贷款的时候，门槛较高、审批麻烦是常常遇到的问题，各个银行对企业贷款的调查、审查都有一套严格的管理规定。

困扰中小企业和金融机构的问题，是信息是否对称。企业是否了解银行，银行是否了解企业，这是造成企业贷款难的核心问题。由此看来，企业应该与金融机构建立一个双方信任、双方沟通的机制。

二、企业危机外部沟通的方法

根据迈克尔·布兰德（Bland，1998）的理论，企业沟通的对象大概涵盖四大方面：被危机所影响的群众和组织、影响公司运营的单位、被卷入在危机里的群众或组织、必须被告知的群众和组织。依据此种划分，企业的危机沟通对象主要有消费者、企业员工和相关利益群体、媒体、政府及相关中介组织等。企业如果不能够与他们进行很好的沟通，势必影响危机的处理甚至引发更大的危机。因此企业在危机沟通过程中应根据不同对象并结合危机沟通的 3T 原则，确定不同的危机沟通重点和沟通策略。

（一）企业员工和相关利益群体的沟通

企业员工和相关利益群体都是企业的巨大财富，也是同一命运共同体，在危机发生时通过良好的沟通将使其与企业同呼吸共命运。

1. 及时向员工通报情况

在危机发生时，企业应及时向员工通报情况，让其了解企业目前到底面临什么样的危机，会对企业产生怎样的影响，外界环境的变化与反应。有效的沟通可以避免不真实、不完整的谣言和猜测由内向外传播；保持企业的有效运转，使员工不因猜测而疏于日常的工作，减少危机的破坏程度；同时还应告知员工如何与企业一同应对危机，尽可能发挥每一名员工的作用，为企业献计献策，让员工信任企业的领导能力，保持员工的凝聚力，使员工与企业都有信心共渡难关。

2. 及时做好相关利益群体的沟通工作

要做好与相关利益群体的沟通工作，及时将危机信息通知企业的股东、客户等利益相关群体，减少他们的不信任、恐慌甚至投机的想法，树立他们对企业长远发展的信心并寻求理解和支持。

（二）消费者沟通策略

1. 首先要确定消费者关注的问题

在危机中消费者关心企业的一举一动，无论他们是否是危机的受害者，他们都需要判断该企业是否值得信赖。所以企业要发现消费者关心的问题：发生了什么事情，问题是什么，危害性有多大，会对消费者产生什么样的影响，企业采取什么样的措施解决等。

2. 建立与消费者沟通的渠道并回答消费者提出的问题

消费者一般应该找谁质疑和投诉？如果消费者需要帮助，企业应该如何提供？企业通过哪些渠道将消费者关心的信息传递出去？这些信息的交流都需要通过有效的渠道来进行。企业可以通过消费者热线、个别会谈、网络渠道、公告等方式同消费者进行沟通。

3. 对待相关消费者及受害者的策略

企业首先应诚恳而谨慎地向他们表明歉意，同时必须做好受害者的救治与善后处理工作。冷静倾听其意见，耐心听取受害者关于赔偿损失的要求及确定如何赔偿，以争取社会公众的理解和信任；对于其他消费者企业应通过经销商或相关媒体发布公告，及时告知消费者产品存在的潜在缺陷，并尽快收回有缺陷的产品。

（三）媒体沟通策略

在现代信息社会中，各种媒体成为社会大众信息的主要来源，也影响着社会大众的认知、态度与信念。在危机处理过程中，媒体的作用不容忽视。

1. 利用媒体尽快、主动、全面披露信息

危机发生后，企业应该主动披露信息，而且应该成为社会上信息来源的主渠道。在企业危机发生之后，尤其在网络空前发达的今天，所有信息都有可能在最短的时间内到达世界任何一个角落，试图隐藏所谓的秘密将非常困难甚至不可能，选择全盘否认或者无可奉告的策略只能加速危机的不断恶化。这时企业领导必须做的一点是：企业针对媒体的信息沟通渠道只能保留一个，这个渠道或者是 CEO，或者是指定的新闻发言人。通过这些信息沟通渠道企业应在最短的时间内将危机概况及企业危机管理对策向新闻媒体作出说明，表明企业的立场与态度，争取媒体的信任与支持，最终帮助成功化解危机。

2. 媒体公关

最好的媒体公关之道就是企业平时要注意保持与媒体之间的良好关系。企业的公关部门负责人要擅长与媒体交朋友，例如经常安排企业的主要领导人接受一些媒体的采访，及时将企业的最新动态传递给媒体，如有重大科技发明、新产品上市等及时邀请媒体现场观摩，让媒体给予及时报道，每逢节假日及时送去问候和祝福，必要的时候，召开一些媒体见面会等。当企业面临危机时，正是考验企业的危机应对及管理能力之时，与媒体良好关系的重要性会更加凸显。在危机中要时刻注意保持与媒体的联系，如果企业危机不很严重，或者关注的媒体不很多，则与个别媒体进行沟通即可。当危机事件已经达到一定关注度的时候就需要召开新闻发布会。良好的媒体关系可以为企业提供有关危机预警的信息，帮助企业更好地做好危机预防工作；可以帮助企业传递危机的真实信息，避免和消减各种谣言与猜测的传播；帮助企业危机管理者更好地了解公众对危机的态度，使他们能够作出有效的危机管理决策；将会使媒体在接收、处理各种相关企业危机信息的过程中给予客观、公正的报道与评价，将企业在危机处理中认真负责、积极主动承担责任的态度传达给相关消费者，帮助企业重塑良好形象。

（四）政府机构或社会中介组织的沟通

一个融洽和谐的政企关系，不仅可以使企业获得政策、审批及资源使用上的便利，而且政府还会积极帮助企业协调一些事情。当危机来临时，如何借助政府及相关中介组织的力量和权威，消除危机、引导媒体并取得公众信任，是企业必须考虑的问题。

1. 及时主动汇报

危机发生后，企业应该在第一时间将危机发生的情况、企业拟采取的应对危机的措施向直属的上级主管部门汇报，不能文过饰非，更不能歪曲、掩盖真相，而是坦诚地把事情的来龙去脉报告给政府有关部门，这是赢得政府支持的关键。不能等到危机恶化了才想到政府的作用，这就要求注意平时与政府保持良好的关系，赢得政府好感。为此，企业要一贯注意塑造自身的形象，要善于参与政府组织的活动，以此扩大企业在政府中的知名度。要积极抓住时机，帮助政府解决难题，与政府共同举办活动。这样，平时增强与政府的感情联络，有助于出现危机时，获取政府机构的支持。

2. 紧密联系

危机处理过程中，企业也应主动将事态发展情况及时向相关政府部门或社会中介组织报告，寻求他们的帮助与支持，对于一些需要权威检测的危机事件，如食品中毒、产品质量事故,企业要尽快与相关政府机构联系,充分发挥公证或权威性机构对解决危机的作用,积极配合他们调查,促进危机的消除。总之,良好的危机沟通是避免危机和化解危机最重要的工具。只要企业具有强烈的社会责任感,本着积极妥善处理危机的诚意,采用恰当的沟通策略,就会赢得社会各界的理解和信任,促使企业尽快摆脱危机,重新树立起良好的社会形象。

第四节 企业危机沟通策略

危机沟通是危机管理的一种重要手段,一般危机管理所针对的媒体负面影响、劳动冲突、诉讼、财务危机、产品瑕疵、意外伤害等都需要通过危机沟通来解决。组织进行有效的危机沟通,可以从危机管理的角度来考虑策略的运用。

一、危机事前的沟通

危机事前沟通有利于及时发现危机的隐患,从而为提前寻找有效处理危机的方法赢得时间更甚于避免危机的发生。这要求组织领导者要有强烈的危机意识,要有远见,在危机事前制订好危机应急计划,确定和培训处理危机的专职或兼职人员。当危机发生时要有信心、有计划地实施政策,做好危机沟通工作。

(一)危机事前沟通训练

由于危机都是突发性的,在危机沟通中应遵循快速反应机制,而且很快就会传播到社会上引起新闻媒介和公众的关注,这时组织会面对巨大的压力,必须研究对策,作出反应,需要组织内部有一支训练有素的危机沟通队伍。因此需要对以下人员在危机前进行沟通训练。

1. 分析人员

对危机进行调查,从了解组织经营状况的人——顾客和员工那里收集信息并作出分析。这需要有一定的资历,有能力作出决策、分配资源、进行项目实施,需要接受有关调查、分析方面的培训。

2. 管理决策人员

管理决策人员需要和组织内部所有人员沟通，保障联系渠道畅通，积极防范，同时确定危机沟通方案的基本框架结构。

3. 新闻处理小组人员

需要由企业公共关系人员来承担，也可以在组织内部挑选合适的人才组成新闻处理小组，接受如何面对记者采访、电话问询的训练。

4. 亲属联络小组人员

对公司上下和作业程序了如指掌。

5. 发言人

挑选最具"公司形象"的人，训练他们如何与媒体沟通，如何去缓解舆论压力，向社会解释组织危机。

（二）危机事前沟通方案设计

1. 危机调查

危机调查是在组织相关的各个方面进行沟通的基础上，评估危机对于组织可能存在的风险、威胁或危险，进行风险评估。目的在于弄清组织的类别和特征，列出可能发生的事故。危机调查一般有两种方式：第一种了解组织历史上的危机；第二种了解组织同行及类似组织发生的危机。

2. 制订危机沟通方案的基本框架结构

危机沟通方案是需要拟订的危机处理的基本依据，其主体部分需要实现拟订，一般在危机发生时根据危机沟通方案的基本框架结构作出应急反应。内容有以下几点：（1）确定潜在危机发生时传播信息所需要的媒介，如地址、名称及联系电话；（2）确定危机发生时需要面临的主要沟通对象；（3）准备好背景材料并根据最新情况完善；（4）建立专门的新闻办公室，作为处理危机时的新闻发布会场所；（5）设立危机新闻中心以接听新闻媒介、公众的电话；（6）确保组织内部有足够的受训人员以应对媒介和其他外部公众的查询。

3. 建立组织与政府、媒体之间的沟通体系

组织通过沟通与政府及其工作人员、新闻媒体搞好关系，邀请一个能与组织沟通并为组织提供反馈的第三方加入，建立一个沟通体系。

4. 与顾客建立良好的沟通

组织可以通过打电话、写信等与顾客建立沟通交流。

二、危机发生时的沟通

（一）相关群体的选择及沟通内容

利益相关者又称关联群体，区分这些关联群体，一方面，是为了评估他们对危机的反应，以作出更好的应对策略；另一方面，是为了明确危机发生后的沟通对象，建立积极有效的沟通，以化解危机。

危机沟通分为内部沟通和外部沟通，危机的影响范围越广，外部沟通就越重要。当危机发生时要对危机带来的破坏性进行自我评估，确定危机波及的范围，找出关联群体的危机范围和对象的方法如图 8-1 所示。

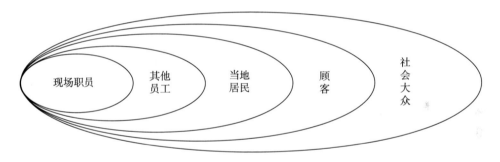

图 8-1　危机波及范围

在危机沟通中要将内部信息及时、真实、明确地向部分员工传达，尤其是涉及员工切身利益的信息，要尽一切可能稳定组织内部，告诉他们如何避免或缓解风险。同时组织高层管理人员在危机爆发时要在第一时间进行沟通，协商危机解决策略，达成一致的危机解决方案，并传达给组织各个部门，使组织内部形成高度的认同感，在处理策略上达到高度一致性。

危机外部沟通比内部沟通更复杂和难以控制。首先，组织内部要查明原因，缩小事态范围，确定危机立场和对外口径；其次，主动与政府部门和新闻媒介联系；最后，危机公关主动出击，获得坦率诚实的相关信息，树立负责任的态度。

（二）两种策略

雄鹰政策：主动、迅速出击和果断承担责任。

鸵鸟政策：不愿正视现实，抱住陈旧观念和做法不放。

在危机处理中我们需要用雄鹰策略来处理危机，一般做法如下：（1）迅速收回不合格产品；（2）对有关人员的损失予以补偿；（3）利用传媒引导公众；（4）利用权威意见处理危机；（5）利用法律调控危机；（6）公布造成危机的原因；（7）重塑良好公众形象。

三、危机事后沟通

危机事后沟通是指在危机发生后，继续进行大量的沟通来弥补信息的不足，避免误解，巩固前期努力将危机负面影响降到最低。危机事后沟通包括以下三个方面。

（一）与受危机影响的各方进行沟通

通过媒体向外公布危机相关信息，具有速度快、面广、量大的特点，同时保持与媒体更亲密、直接地沟通，还要与组织内部的员工、管理者、保安等保持直接沟通。

（二）保持运营状态

在处理危机的同时，要考虑危机对公司经营活动的影响，要努力维持和恢复公司正常的运营秩序。

（三）制订计划以避免危机重来

在危机到来时，一方面，要有危机应急中心妥善处理危机；另一方面，应由负责沟通的部门在公司主管领导的协调下，制订周密计划和对策，以防危机再次来临。

第五节　实务演练

一、案例分析

（一）某国外航空公司拖拽亚裔乘客事件

2017年4月9日，满载乘客的某国外航空公司航班正准备按计划从芝加哥飞往路易斯维尔。这时航空公司方面突然表示航班"超售"（超卖），希望四名乘客能够"自愿"下机改签次日航班，并且可以提供赔偿，但还是无人愿意下机。于是航空公司方面开始"指定"下机乘客。媒体引述同机乘客报道称，在被选中的四人中，有一名亚裔男子。他表示自己是医生，第二天要去见病人，因此拒绝"被自愿"。接下来，他被航空公司叫来的机场警察强行拖走，导致受伤，满脸是血。最终，该航班在延误两个小时之后起飞。

2017年4月9日当天，航空公司发言人承认，要求乘客"自愿下机"并非因为超额预售机票，而是该公司四名机组人员要飞往路易斯维尔，以便执行第二天从那里出发的另一个航班任务。

2017年4月10日晚，该航空公司总裁向公司员工发送了一封内部邮件称，当员工礼貌请求一名乘客下机时遭到了拒绝，随后便有必要联系芝加哥航空安全人员前来帮助。员工遵循了处理此类情况的既定程序，公司赞扬员工做出的努力。该总裁称他们是"好样的"，并指责被拖下飞机的乘客具有攻击性。这一信件被披露之后引发舆论哗然。

2017年4月11日，该航空公司通过官方渠道转述其总裁对此事的最新回应。该航空公司总裁称，他向遭暴力拖拽的乘客本人和机上所有的乘客道歉，这是一起可怕的事件，任何一人都不应该遭受这样的待遇。

2017年4月13日，被暴力赶下飞机的亚裔乘客的代理律师及家属代表在芝加哥举行记者会，证实当事人遭受严重身体和精神伤害，很可能就此提起诉讼。代理律师说，经过诊断，这名69岁的亚裔美国公民遭受严重脑震荡、鼻伤，损失两颗门牙。虽然他已出院，但日后还要进行修复手术。

由于前期对事件的处理不当，充分激发了公众不满的情绪，导致航空公司信誉降低，公司形象跌到谷底，股票市值蒸发数亿美元。

思考·讨论·训练：

1. 在危机出现后，航空公司是如何应对的？

2. 为了解决企业危机，航空公司与媒体的沟通成功吗？为什么？

3. 面对该事件，航空公司应采取哪些卓有成效的应对策略？

（二）某电商平台海外代购业务上线事件

2020年5月16日，某电商平台发布公告，正式宣布其海外代购业务回归。其微博发表了如下内容：

"亲爱的用户朋友们，历经242天努力，我们进行了多项功能优化，收到了10万多条用户建议，最终决定怀着敬畏之心继续向前，希望海外代购业务能承担为社会大众创造价值的责任。我们于6月5日起在部分城市开启试运营。最新产品方案以及首批试运营城市名单于5月25日起在App、微博等官方渠道公布。"

然而就在该电商平台公布的试行方案中针对地区有限制的内容——对服务提供区域进行了划分，对西北、东北等地区不提供部分服务，这一部分内容却引起了不少争议和不满。

当晚，该公司公关部工作人员回复媒体记者：我们已关注到有用户关于"海外代购业务试运行方案限制了部分地区购买"的反馈，感谢大家的建议和批评。目前公布的是海外代购业务小范围试运行方案，属于海外代购业务公开征集意见的一部分。未来正式上线的方案，将根据社会各方的意见反馈持续不断完善。同时当日晚间，该电商平台的高管在微博上作出回应："大家的批评都悉数收到。恳请大家多给我们一些时间，我们马上会上线海外代购产品功能的评议会，欢迎大家更多的批评与建议，让我们能更好地守护大家的购物安全和体验。"

6月9日晚，迫于压力，该电商平台官方微博宣布："在海外代购小范围试运营期间，为确保试行产品服务的安全性和可操作性，对所有海外代购用户提供服务的区域不作限制，运费需要根据区域进行实时核算。"

思考·讨论·训练：

1. 此类争议对企业形象产生哪些不良后果？

2. 某电商平台在经历过重大负面危机之后，在恢复相关业务时遭遇了哪些挑战？

3. 在事件发展过程中该电商平台采用了哪些方式进行沟通？有什么独到之处？

二、技能训练

（一）某食品企业高层管理者言论不当事件

某日，某财经记者的微博公众号发布了一段某食品企业创始人的访谈视频。视频中，该食品企业创始人表示：该企业鲜果奶茶的净收益和其他企业相比确实略高，最贵的卖过86元，而成本在50块钱，总有喜欢的消费者购买，这就是品牌的吸引力。就算拿成本价卖，还是会有人说太贵。

当日下午，该食品企业官方发布原视频回应表示"这个黑锅背得无从说起"。称该视频为恶意剪辑，对于此类不实言论，将保留法律追究的权利。

对于被曝光因两次虚假宣传而被处罚，该企业官方微博发布道歉声明："错可以改，但抹不去，警钟长鸣。"

但紧接着当天晚上，该企业官方微博向涉事财经记者工作平台发律师函：要求停止侵权并赔礼道歉。

截至目前，该财经网站并未对此作出公开回应，该记者也并未删除相关微博。

如果你是该财经网站的危机公关经理，你会如何处理此事？

（二）实训步骤

1.危机事前沟通方案设计

第一，危机调查。危机调查一般有两种方式：一是了解组织历史上的危机；二是了解组织同行及类似该组织的发生的危机。

第二，制订危机沟通方案的基本框架结构。确定潜在危机发生时传播信息所需要的媒介；确定危机发生时需要面对的主要沟通对象；准备好背景材料并根据最新情况完善；建立专门的新闻办公室；设立危机新闻中心以接听新闻媒介、公众的电话；确保组织内部有足够的受训人员以应对媒介和其他外部公众的查询。

第三，建立组织与政府、媒体之间的沟通体系。组织通过积极沟通与政府及其工作人员、新闻媒体搞好关系，邀请一个能与组织沟通并为组织提供反馈的第三方加入，建立一个沟通体系。

第四，与顾客建立良好的沟通。组织可以通过给顾客打电话、写信等与顾客建立沟通交流。

2. 危机发生时的沟通

第一，相关群体的选择及沟通内容，危机沟通分为内部沟通和外部沟通，危机的影响范围越广，外部沟通就越重要；第二，当危机发生时要对危机进行的破坏性进行自我评估，确定危机波及的范围，找出关联群体一般的危机范围和对象。

3. 危机事后沟通

危机的事后沟通主要涉及以下三个方面：第一，与受危机影响的各方进行沟通，通过媒体向外公布危机相关信息速度快、面广、量大，同时保持与媒体更亲密、直接的沟通，还要与组织内部的员工、管理者、保安等保持直接沟通；第二，保持运营状态，在处理危机时，要考虑危机对公司经营活动的影响，维持和恢复公司正常的运营秩序；第三，制订计划避免危机重来，在危机到来时，一方面要由危机应急中心妥善处理危机，另一方面应由负责沟通的部门在公司主管领导的协调下，制订周密计划和对策，以防危机再次来临。

（三）实训要求

（1）制定企业内外部危机沟通方案。

（2）实训分小组进行，根据班级人数，每组 4~6 人。

（3）各小组派代表上台汇报，接受同学质询。

（4）每组派一名代表担任评委。

（5）老师对各小组的企业内外部沟通方案及汇报过程进行评价，指出存在的问题。

📖 **拓展阅读**

积极沟通是企业危机管理的第一原则

很多企业在危机出现之后，不知道该如何进行危机管理，这样的话就会让局势变糟，甚至有的企业避而不谈，变成一个"小绵羊"的状态，甚至把自己当成一只鸵鸟，这种鸵鸟心态是要不得的，我们必须要积极沟通，如何积极沟通？

第一，和公众积极沟通。当出现危机的时候，我们要第一时间和公众进行沟通，沟通传达关于这个事件的详细信息，而不能掩盖。

第二，危机公关策划和媒体沟通。如果说企业和媒体建立比较好的关系的话，这样对于负面新闻管理有着非常好的作用，所以在这个时候企业可以和媒体沟通，并且通过和媒体的沟通，也有利于达成一个比较良好的状态。

第三，危机公关策划沟通的过程中要重视态度。许多企业在沟通的过程中，不重视态度，这样也是不行的，必须要基于企业和消费者共同发展的角度来进行沟通，这样才能实现更好的发展，过度的沟通也不是特别好，但是沟通的过程中如果出现了一些虚假的情况，这样也会引起消费者的反感，在沟通之后让情况变得更糟，所以在这个时候我们必须要重视沟通的方式和技巧。

📖 **课后练习**

一、名词解释

危机沟通　　媒体公关　　鸵鸟政策

二、简答题

1. 简述危机沟通的范围。
2. 组织沟通风格有哪几种表现形式？
3. 简述企业外部沟通的对象及沟通内容。
4. 企业外部沟通的方法有哪些？

三、论述题

1. 危机沟通的原理有哪些?

2. 危机沟通有哪些作用?

3. 论述组织沟通的形式?

4. 论述改善组织沟通效果的方法。

5. 企业危机外部沟通存在哪些误区?

第八章　企业危机决策

导入案例

网友刘某因在购买的火锅底料中发现一根不明白色塑料异物，随即拍摄视频发布通过网络平台曝光。当晚，该网友收到多名自称是某食品品牌方的私信，有要求该网友将视频删除，有说好话的；有进行威胁的，并提及"看你家老人年纪很大了"以进行恫吓。

第二天上午，某门户网站曝光该事件，关注该事件的公众急速增加。晚间，涉事品牌某食品集团创始人回应，承认问题火锅底料是由该集团生产的，并认为这是一起假冒该集团高管或员工威胁消费者的事件。并表示集团公司已成立了五人调查小组，并向当地公安局报案，要求严查此事件的始作俑者。

第三天，在当地市场监管局的介入调查下，该集团和刘某双方完成调解。由集团公司对刘某进行先行赔付，按照刘某购买一箱货物的价值350元，给予刘某10倍的权益赔付，最终赔付了3500元。

目前，刘某已删除该爆料视频，该集团公司方表示警方正全力调查中，企业方会予以跟进，还消费者和企业一个公道。

第一节　企业危机决策概述

一、危机决策的界定和特点

（一）危机决策的界定

近几年作为决策中最难以估算和评定的危机决策，因危机事故频发，已渐渐被国内外各个学科的专家学者所关注，从而成为决策科学领域新的研究方向与热点。危机决策可视为在有限的时间和资源等条件下作出判断和迅速行动的过程。从决策的不同分类角度来看，危机决策属于不确定性决策、非例行性决策、非程序化决策。所以不能通过估算概率值得出各种可能会出现的结果，而且危机决策是一种没有固定的解决方法、没有固定的套路可以用来借鉴的决策，这就要求决策者在面对突发的紧急事件时只能随着事态的发展程度，作出与之相对应的选择。总之，相较于常规决策，危机决策者可利用的资源和时间均有限，很难在短时间内觉察到危机的来源，进而使个体很难作出理性的决策。

罗伯特·希斯（2004）指出：危机管理需要一个既使用权威又使用民主的决策程序，在此环境下激发反应者作出富有弹性但又极具力度的决定。叶海卡·德罗尔（2009）在《逆境中的政策制定》中指出：危机决策不过就是控制危机并使其转化为原先的状态。危机决策就是指在有限的时间、资源等约束条件下，管理者为了不失良机而打破常规，省去决策中的某些"繁文缛节"制定应对危机的具体措施，以尽快作出的应急决定。

危机决策就是要求组织（决策单位和人员）在有限的时间、资源、人力等约束条件下完成应对危机的具体措施。即在意料之外的紧急情况下，为避免错失良机，而打破常规，尽快作出应急对策。

（二）危机决策相较于风险决策的特点

1. 时间的紧迫性

危机事件具有突发性和紧急性的特点。危机事件虽然存在发生征兆和预警的可能，但由于真实发生的时间、地点具有一定的不可预见性，而且超越了正常的社会运行秩序和人们习惯性的心理承受能力，从而具有突发性和危险性。同时，危机决策由于危机事件的突发性和紧急性，且需要立刻控制危机，以防止事态的进一步扩大和恶化，因此，危机决策者要遵循时间第一的原则，快速应变，迅速决策。

2. 信息的紧缺性

在危机情境下，由于危机事件发生发展的不确定性和随机性，危机信息不断变化，决策者需要及时更新关于危机的信息。但是，由于时间紧迫、人力资源等因素（灵感、直觉、顿悟、本能、欲求、需求）使得决策者很难准确、及时地得到充分、有效的有关危机决策的信息。

3. 资源的有限性

由于危机事件发生发展的突然性和急剧性，决策过程所能够利用的时间是非常有限的，这就导致了个体在时间压力下进行决策时限制了对各种资源的获得，因此所考虑到的信息往往都不完备。

4. 高风险性

因危机事件结果的消极性，个体在对危机事件进行决策时所面临的风险水平要更高，并且这一风险水平只能预估，不能完全避免。

5. 高不确定性

危机事件的发生往往超出人的预想且发生的时间、地点也是不可预知的，而危机决策又无法按照已有的常规程序和规则来进行判断，危机事件的发展和可能产生的影响也没有已有的知识经验可以指导，所以危机决策后果的不确定性极高，很难判断所作的决策是对还是错。

危机决策的特点就是在危机关头决策者需要在短时间内快速对危急情势作出选择，因此决策者没有太多的时间对危机事件进行逻辑推理和考证，这时决策者的心理因素在危机决策中居主导地位。由危机决策特点可知，危机事件的构成因素有三个：第一，危机事件发生、发展的急剧性和突然性；第二，因为人们能利用的资源非常有限，所以创造性地提出新观点对危机决策有重大的意义；第三，危机事态的发展危及决策个体及组织的根本利益且其后果难以预知，所以决策者的决策效能将会直接影响其决策结果。

（三）危机决策与常规决策的区别

1.目标取向不同

管理的目标是控制危机事态蔓延，最大限度减少损失。

危机决策：迅速决策、当机立断、权力集中、省略民主协商程序。

常规决策：广泛、充分民主协商，决策权力分散，体现民意。

2.约束条件不同

常规决策：面临外界环境相对确定，可通过民意调查、协商讨论等提前对组织决策环境评估。

危机决策：危机的突发性与不确定性，导致危机决策外在环境复杂，因而决策要有权变性。

3.决策程序不同

常规决策：遵循特定的例行程序和标准化的操作规程，具备特定的过程，并有历史的习惯、经验可供决策者借鉴。

危机决策：危机状态的特殊性要求危机决策的程序在不损害决策合理性的前提下适当简化，需要依靠决策者的判断和创新能力。

4.决策效果不同

常规决策：备选方案民主筛选，决策环境相对确定，可利用技术支持程度高，决策信息和监督系统完善，故决策执行效果可预期。

危机决策：时间有限及高度不确定性，决策者不能进行深思熟虑的理性推断，只能依靠经验、智慧及对现实危机态势作出判断，非预期决策，效果难以预料。

二、危机决策的影响因素

（一）情绪对危机决策的影响

基于情绪对决策的影响作用，梅勒斯（Mellers，1999）等提出了主观预期愉悦理论，认为在决策过程中人们倾向于追求预期的愉悦情绪的最大化。约翰逊（Johnson，1983）和特维斯基（Tversky，1981）的情绪泛化假说证明了情绪在风险决策中的作用：当给被试呈现诱发负面情绪的信息时，增加了被试对不相关的，却有着相同情绪效价的风险事件发生的感知率；而当给被试呈现诱发积极情绪的信息时，减少了被试对风险事件发生的感知率。施瓦茨和克罗尔（Schwarz & Clore，1983）提出情绪信息等价说，他们认为决策者在作风险决策时并不是根据任务特征来决定的，而是根据对风险决策明显的情绪反应来决定的。该模型认为，人们从情绪得来的信息是基于所遇到的认知问题而来的，这种从情绪得出的推断是具有易变性和情境性的，使人们更了解当下的环境以及思维加工过程的本质，进而成为决策的基础。洛文斯顿（Loewenstein，2001）等提出的风险即情绪模型认为决策过程不仅受预期情绪影响，还受即时情绪的影响。即时情绪指的是对感受到风险后立刻产生的内脏反应（如焦虑、害怕、恐惧等），也就是决策时所带有的情绪。该模型正是用于解释为何即时情绪会使得人们对风险的认知和评估有所偏离，以及情绪是如何决定决策行为的。

从上述研究综述中可以看出，情绪成为危机决策过程中一种重要的成分已经得到大量的相关证明，且其研究正朝着更加深入的领域拓展，探究积极情绪对决策的具体作用机制。布莱斯等（Bless et al.，1996）探讨了积极情绪的加工方式，认为积极情绪导致的自上而下的加工使得人们在认知一件事物的时候首先从头脑中现存的认知结构或偏见出发，进而起到干扰认知过程的作用。而处于消极情绪状态下的人们更容易采用自下而上的加工途径，会对细节问题给予较多的关注，较少依赖已有的知识结构。有学者提出，积极情绪会让人们认为所处环境是安全的，而不去激活大脑中太多的认知资源，也就导致了个体的低水平加工；消极情绪却因其具有强烈的唤醒度和破坏作用，使得个体认真仔细地去想如何来应付问题。

李和斯蒂姆哈尔（Lee & Stemthal，1999）发现，积极情绪不仅不会占用个体的认知处理资源，还会提供额外的资源作为认知补偿。艾森和帕垂克（Isen & Patrick，1983）发现，大部分情况下积极情绪都能提高认知的灵活性，促进问题解决。如在研究决策的过程中发现积极情绪状态下，决策者较少受与决策材料无关属性信息的影响，并将注意力集中在更重要的任务上，进而倾向于对决策材料的整合，更有利于决策。

（二）解释责任对危机决策的影响

泰克洛克（Tetlock，1983）认为解释责任作为一个情境变量影响着人们的决策行为。解释责任是指向他人证明自己决策正当、合理的责任，即解释责任通过利用个体都希望他人认可自己所做的行为的心理来影响个体作决策。可利等（Curley et al.，1986）研究指出，当个体发现自己决策时有旁观者会增强决策者的模糊规避。当决策者的决策还要承担他人的责任时，其决策行为会更容易偏向选择规避风险的方式。当个体进行风险决策并需要在他人面前说明自己的合理选择时，会选择最容易证明是正确的选项。西蒙森（Simonson，1989）的研究还发现解释责任能够减少人们的决策偏见。

人们普遍承认，在不明确立场的人面前说明自己所作决策的合理性会诱发出更多的认知努力。莱纳等（Lerner et al.，1998）在不同类型、不同故事情境、不同伤害程度三种维度下对解释责任的作用进行了实验研究。该实验将被试分为有解释责任组和无解释责任组，通过视频诱发出相应的愤怒情绪和中性情绪；而后请被试观看一个虚构的伤害案例，并决定伤害人要受到多严厉的惩罚。结果表明，愤怒情绪条件下无解释责任组的被试几乎全部都简化了认知加工的过程，减少了作决策所需要用到的信息数量，增加了对虚拟案例中伤害人的愤怒情绪，进而加重了对伤害人的惩罚。解释责任组被试却因为解释责任增加了决策过程的复杂性，付出了更多的认知努力，反而降低了对伤害者的惩罚。

威尔森（Wilson）等发现，当决策者可以综合仔细地考虑决策的各个方面时，会减少情感的输入，进而严重影响危机决策的质量。

总而言之，解释责任对决策的作用已被大量研究者证明，即当个体需要向他人解释其决策时，人们的选择常常更为理性。张炜伟（2001）指出，相较于无解释责任组，有解释责任组个体的决策时间更长且在愤怒情绪下的危机决策更倾向于保守。

第二节　危机决策常见模式

一、理性决策模式

理性是一种在大脑清醒，无任何感情色彩下的一种状态。任何问题，在加入感情以后往往会偏离理性状态下的思考路线。理性决策通俗来说便是，站在一个旁观者的角度来思考问题时的答案。当发生任何事的时候，在思考解决时只以问题为中心，而没有掺杂自己或者能波动到你的人的情绪，那时候的答案是最理智的。以旁观的角度来思索自己的问题，便能进行理性判断。

（一）定义

理性决策要求具有完全理性的决策者所作的完全客观的和合乎逻辑的决策理性决策论又称完全理性决策论。说到理性决策从某种意义上来说就是一个理性决策模型，简称理性模型（rational modal）。它起源于传统经济学的理论，传统经济学理论是以"经济人"的假设为前提的，舍弃了一些次要变量，使问题的分析得以简化，形成有效的分析框架，能用来解释经济中的诸多现象。

经济人具有最大限度的理性，能为实现组织和个人目标而作出最优的选择。"经济人"是古典管理理论对人的看法，即把人当作"经济动物"来看待，认为人的一切行为都是为了最大限度满足自己的私利，工作的目的只是为了获得经济报酬。经济人有两大特征：一是自私，即人们的行为动机是趋利避害，是利己的；二是完全理性，即每个人都能够通过成本—收益或趋利避害原则来对其所面临的一切机会和目标及实现目标的手段进行优化选择。

（二）理性决策的重要假设

理性决策的重要假设有以下几个方面。

一是决策者面临的是一个既定的问题——决策问题是清晰的。二是决策者选择决定的各种目的、价值或目标是明确的，而且可以依据不同目标的重要性进行排序——决策目的是给定的、单一的并且是明确的。三是决策者有可供选择的两个以上的方案，面对着这些方案，通常在逐一选择的基础上，选取其中一个。假如方案基本是相同的，通常会作相同的决定——决策者认知能力是无限的。四是决策者对同一个问题会面临着一种或多种自然状态。它们是不以人们意志为转移的不可控因素，或者可以说决策者的偏好不会随着时空的变化而变化——决策者的偏好是明确的、稳定的。五是决策者会将每一个方案，在不同的自然状态下的收益值（程度）或损失值（程度）计（估）算出来，经过比较后，按照决策者的价值偏好，选出其中最佳者——决策制定过程不受时间和消耗的约束。

（三）理性决策在实际中必须具备的基本条件

第一，决策过程中必须获得全部有效的信息，这能让决策的问题清晰，决策的目的变得单一明确；第二，寻找出与实现目标相关的所有决策方案，即有可供选择的两个及以上方案；第三，能够准确地预测出每一个方案在不同的客观条件下所能产生的结果；第四，非常清楚那些直接或间接参与公共政策制定的人们的社会价值偏向及其所占的相对比重；第五，可以选择出最优化的决策方案。

（四）理性决策的优点

第一，理性决策前能全盘考虑一切行动，以及这些行动所产生的影响；第二，决策者根据自身的价值标准，选择最大价值的行动对策；第三，使决策的结果一定是正确的，在决策的过程中以及决策后避免负面的情绪，并且缩小了认知的努力，而且，决策结果的可辩解程度最高。

（五）理性决策的缺点

从理论角度看，有最优决策并不是不可行的，然而社会现实不等于理论假设，理性决策模型的假设条件遭遇到诸多障碍，人们逐渐发现政策实践中的许多现象都难以解释。其原因不在于它的逻辑体系，而在于其前提假设有问题。因此它遭到了许多学者的强烈批评。

林德布洛姆（Lindblom，1959）指出：决策者并不是面对一个既定问题，而只是首先必须找出和说明问题。问题是什么，不同的人会有不同的认识与看法。

第一，明确这一问题的症结所在，往往十分困难。因为不同的利益代表者，会从各自的利益看待这些问题，例如围绕着通货膨胀存在不存在，若存在，其程度和影响怎样，以及产生通货膨胀的原因是什么等问题，人们都会有不同的回答。

第二，决策者受到价值观的影响，选择方案往往会发生价值冲突。比较、衡量、判断价值冲突中的是与非是极其困难的。靠分析是无法解决价值观矛盾的，因为分析不能证明人的价值观，也不可能用行政命令统一人们的价值观。

第三，有人认为"公共利益"可以作为决策标准，林德布洛姆批评了这种认识，认为在构成公共利益要素这个问题上，人们并没有普遍一致的意见，公共利益不表示一致同意的利益。

第四，决策中的相关分析不是万能的。决策受时间与资源的限制，对复杂决策讲，不会作出无穷尽的，甚至长时间的分析，也不会花费太昂贵代价用于分析，或者等待一切分析妥当再作决定，否则会贻误时机。

二、有限理性决策模式

（一）概述

20 世纪 50 年代之后，人们认识到建立在"经济人"假说之上的完全理性决策理论只是一种理想模式，不可能指导实际中的决策。赫伯特·西蒙提出了满意标准和有限理性标准，用"社会人"取代"经济人"，大大拓展了决策理论的研究领域，产生了新的理论——有限理性决策理论。

有限理性模型又称西蒙模型或西蒙最满意模型。这是一个比较现实的模型，它认为人的理性是处于完全理性和完全非理性之间的一种有限理性。

（二）有限理性模型的主要观点

（1）手段—目标链的内涵有一定矛盾，简单的手段—目标链分析会导致不准确的结论。西蒙认为，手段—目标链的次序系统很少是一个系统的、全面联系的链，组织活动和基本目的之间的联系常常是模糊不清的，这些基本目的也是个不完全系统，这些基本目的内部和达到这些目的所选择的各种手段内部，也存在着冲突和矛盾。

（2）决策者追求理性，但又不是最大限度地追求理性，只要求有限理性。这是因为人的知识有限，决策者既不可能掌握全部信息，也无法认识决策的详尽规律。例如，人的计算能力有限，即使借助计算机，也没有办法处理数量巨大的变量方程组；人的想象力和设计能力有限，不可能把所有备择方案全部列出；人的价值取向并非一成不变，目的时常改变；人的目的往往是多元的，而且互相抵触，没有统一的标准。因此，作为决策者的个体，其有限理性限制其作出完全理性的决策，只能尽力追求在其能力范围内的有限理性。

（3）决策者在决策中追求"满意"标准，而非最优标准。在决策过程中，决策者定下一个最基本的要求，然后考察现有的备择方案。如果有一个备择方案能较好地满足定下的最基本的要求，决策者就实现了满意标准，他就不愿意再去研究或寻找更好的备择方案了。

这是因为，一方面，人们往往不愿发挥继续研究的积极性，仅满足于已有的备择方案；另一方面，由于种种条件的约束，决策者本身也缺乏这方面的能力。在现实生活中，往往可以得到较满意的方案，而非最优的方案。

根据以上几点，决策者承认自己感觉到的世界只是纷繁复杂的真实世界的极端简化，他们满意的标准不是最大值，所以不必去确定所有可能的备择方案，由于感到真实世界是无法把握的，他们往往满足于用简单的方法，凭经验、习惯和惯例去办事。因此，导致的决策结果也各有不同。

（三）西蒙的决策组织理论

赫伯特·西蒙（1916—2001）是美国著名的行政学家，他在管理学、组织行为学、政治学、心理学和计算机科学方面都有所造诣。他建立起一个更加系统、更加全面和成熟的现代组织理论体系。尤其是主要从行为科学的角度探讨了决策理论，在这方面，他的研究取得了令人瞩目的成就，因而被公认为是决策理论学派的创始人。也正是由于他对经济组织内决策过程所进行的开拓性研究，瑞典皇家科学院向他颁发了 1978 年的诺贝尔经济学奖。

西蒙的决策理论，不仅适用于经济组织，而且适用于一切正式组织机构的决策，特别适用于行政组织，因为政府工作的大部分与决策有关。大概正是基于此，有人将他的代表作《管理行为》译为《行政行为》。西蒙说他写这本书的目的，就是要告诉读者，如何从组织的决策过程上去理解组织。

三、直觉决策模式

（一）定义

直觉决策是以决策者的经验为基础，在决策者认知模式、实施、情感决策环境等因素的综合影响下，通过情景估计对决策问题进行整体把握并通过逐步挖掘的过程来找到满意方案，最终作出决策的一种决策模式。

研究者对管理者运用直觉决策进行了研究，识别出五种不同的直觉，分别为基于经验的决策、基于认知的决策、基于价值观或道德的决策、影响发动的决策以及潜意识的心理过程。

直觉决策法是一种定性决策方法。直觉是客观事物在人们头脑中迅速留下的第一印象，是在极短的时间内，对情况突如其来的、超越逻辑的顿悟和理解，是一个无目的、无意识的非理性、非逻辑的过程，就连当事人也对它的迸发都感到突然、意外和神秘。

（二）直觉决策的过程

在管理过程中，绝大多数决策是用直觉决策法作出的，但直觉决策法往往得不到管理者的重视。在人类的行为方式中，最复杂的是直觉，最简单的也是直觉。直觉过程是人脑高速分析、反馈、判别、决断的过程，体现为敏锐的洞察力。

直觉思维可以分成几个既相互独立又相互联系的程序。美国耶鲁大学心理学教授罗伯特·斯登伯格（Robert Sternberg）认为，它们是：（1）选择性编码：从众多杂乱的原始信息中提炼、浓缩有效信息；（2）选择性组合：将选出的信息组合成有机整体；（3）选择性比较：将经过组合的新信息与已掌握的旧信息进行比较。在实际过程中，这三步是一起完成的。

产生直觉的能力并不完全是天赋的，它可以通过后天的努力和锻炼逐渐得到增强。直觉决策的次数越多，管理决策者的经验越丰富，直觉决策的效果越好，管理决策者的水平越高。

（三）直觉决策的应用

1. 用于启发思路

直觉往往能给人带来新的思路，根据它很可能找到解决问题的好办法。

2. 用于解决急事

关键时刻，没有多少时间思考，只能靠平常的功力生成的直觉来办事。

3. 用于快速解决问题

有些事情虽然不是急事，但还是要尽量提高效率，这时候就可多用直觉思维。

4. 用于无关紧要的事情

这些事情办不好，也没有多大的影响，基本上凭直觉解决就可以了。

5. 用于解决难题

许多难题一下子是难以解决的，可暂时放开，有空就想一想，一段时间后，往往可以获得灵感来解决问题。因为大脑经过长期思考某一问题之后，智力处于高度亢奋的状态，脑海里储存的许多相应信息在自然地反应，当反应达到一定的程度时，就产生了灵感。这里提到的"有空就想一想"，就是把脑海里解决某个问题的信息活跃起来，以利于产生灵感。

6. 用于解决长远上的大问题

对许多长远上的大问题，既有必要做些计划，又不可为之花费过多的时间和精力，这种情况下，可在有空时想一想，让大脑自然运作，以求得到较多的、较好的灵感。将这些灵感收集、整理，为以后解决问题提供依据。

高手都有灵敏的感觉，这是长期的经验积累、知识积累及感觉磨炼的结晶。例如，高手之间的比赛，双方几乎不可能作长时间的思考，多数情况下只能凭借感觉处理，这时感觉的灵敏度直接影响到胜负。

（四）决策过程

1. 确定决策目标

决策目标是决策者进行决策的依据，也是决策行为的出发点和归宿，这里的决策目标除了客观上决策应该达到的标准，还包括决策者主观上所期望达到目标的可能性程度，即期望值。

2. 情景估计

在复杂而不确定条件下决策时，决策者会对决策环境中有限的决策依据进行推敲，并根据这些有限的依据进行决策。

3. 情景再估计

如果情景不是以前所熟悉的，或者是无法估计的，则需要寻找更多的信息，对决策环境进行再估计，从而避免盲目决策。

4. 确定待选方案

在这一阶段，决策者的直觉和主观判断将发挥重要作用。决策者依据自己的知识、经验以及对于环境的预测，充分发挥自己的直觉判断能力以及由此可能激发的灵感，挖掘出可行的方案。相对于理性决策来说，直觉决策在这一阶段具有发散性思维的特点，能够广泛收集各种信息、排除明显不合理的方案，从而预选出少数可行的方案。

5. 方案评估

由直觉决策产生的待选方案需要经过理性评估，用比较成熟的决策技术和方法证明其可行性。

6.确定决策方案

从待选方案中选出满意度最高的方案作为决策方案。

卡内曼（Daniel Kahneman，2009）和其他学者的研究表明，直觉思维依赖的是启发式、参考点方法，即以其他事物作为参考点而获取某事物的信息。卡内曼从经济学的角度说明直觉决策者关心的并不是财富的绝对水平，而是相对于某一参考点水平的变化，即人们更看重的是偏离参考水平的变化量而不是绝对水平，而且在直觉判断中，人们显示出了回避损失的特征即侥幸心理。仅从这一点来看，直觉决策的决策结果在实施前需要进行科学的检验。

决策主体在决策时需要进行两种认知分析。第一种是对环境的认知分析，包括环境对决策者提出的挑战、环境的不确定性与复杂性等。第二种是决策主体对自我的认知分析，包括了解自身的行为特点、决策偏好、认知风格、思维模式等。纵观决策主体的决策过程，偏好、心智成本、信息、非理性等因素贯穿于整个过程，并影响着决策的每一个阶段。这些因素有的是积极的，有的是消极的，综合起来最终形成了决策主体的理性程度不同。

四、渐进式决策模式

（一）概述

渐进决策模式是美国著名的经济学家、政策分析的创始人林德布洛姆在对理性决策模式产生怀疑的情况下提出的。理性决策模式以古典经济学中的"经济人"假设为前提，通过确定目标、制定备选方案、选择最正确方案、实施方案等一系列科学计算完成旨在获取最大社会效益的决策活动。林德布洛姆在《决策过程》一书中将理性决策模式的要点概括为：（1）面对一个存在的问题；（2）一个理性的人首先澄清他的目的、价值和目标，然后在头脑中将这些东西进展排列或用其他方法加以组织；（3）列出所有可能达到他目的的重要政策手段；（4）审查每项可供选择的政策会产生的所有重要后果；（5）这时他就能将每项政策的后果与目的进展比拟；（6）选出其后果与目的最为相称的政策。

作为对政策制定过程的真实描述，渐进决策模式的优点一方面在于它满足了政治一致性的要求。渐进决策模式推崇对现行政策作枝节调整，遵循按部就班、积小变为大变、稳中求变的原则，不仅实现了决策目标，同时也有效维护了社会的政治稳定。另一方面，渐进决策模式可以有效减少决策成本、降低决策风险。采取渐进决策模式制定的每一项政策，通过在既定政策根底上收集新的信息、资源，其决策成本大大小于全盘否认现行政策，而重新制定一项新政策所需的决策成本。同时，越是具有重大创新性的政策，其效果越是难以预计。而具有政治稳定功能的渐进决策模式可以有效防止政策上的大起大落，降低决策风险。

从某种意义上说，渐进决策模式的优点隐含了其固有的一些缺陷。首先，渐进决策模式具有明显的保守主义倾向。该模式认为政策分析受制于权力制约。为了减少各种政治力量的利益差异和价值冲突，只能对现行政策稍加调整，即把政策创新限于很小范围，表现出一种只注重眼前利益而无视长远利益的保守倾向。其次，渐进决策模式过于轻易地承认人类理性的局限性。在批判"乌托邦"式的全面理性决策模式的同时，渐进决策理论走向了另一个极端，将绝非至善的决策现状合理化、合法化，简单地消弭了决策的"是"与"应该"之间的差异力。最后，渐进决策模式缺乏一套系统理论指导政策制定。理性决策模式通过提出"基于合理计算"的决策原则和具体的决策流程指导决策活动的开展。渐进决策模式更多的只是倡导了一种新的决策思想，即以先行政策为基点，关注政治互动，维护社会稳定。尽管该模式具有很强的现实意义，但由于缺乏系统理论的支撑，其指导意义和操作性不强。

（二）渐进决策模式在危机决策中的适用性

关于渐进决策模式在危机决策中的适用性问题，目前学界持否认态度的居多。原因有二：一是系统全面的危机应急预案匮乏。危机应急预案是危机治理者为了有效回应危机，在危机爆发前制定的应对危机的根本措施。综观我国危机管理实践，危机应急预案编制工作总体滞后，各专项和部门预案及基层预案的欠缺导致无法基于危机应急预案开展科学决策。二是危机危害严重，必须精细计算、理性解决。危机的发展态势、影响范围与人民生命财产平安密切相关。因此，必须在时间紧迫、信息有限、人力资源紧缺、技术支持稀缺的决策环境下寻求最优化的危机决策，即应该通过采用科学的决策程序和先进的决策技术实现危机决策的最优解。外表看来，这些理由都存在一定合理性，但结合我国危机管理实践和发展趋势看，渐进决策模式将成为危机决策的主流模式。

当然，加强渐进模式在危机决策中的适用性并不意味着对理性决策模式的抛弃。相反，应在认清渐进决策模式将成为危机决策的主流模式的同时，吸收两种模式的优点，将技术分析和政治互动有机结合。具体措施有以下两种。

1. 扩大危机事前决策的参与

决策作为优化危机决策的主要方式，构成了现代社会法治的基石。随着行政的推进，公众参与行政决策和公共事务治理的意识明显增强。尤其对于与人民生命财产平安密切相关的危机决策，公众的参与要求更为强烈。不同于危机爆发后，时间紧迫、无法广泛征求民意的决策情势，危机爆发前的决策环境相对宽松。因此，有必要通过扩大危机事前决策的参与，提高危机决策的科学性。作为危机事前决策的主要内容，扩大危机应急预案编制工作的参与一方面可以广泛征求意见，满足公众参与危机决策的诉求；另一方面可以减少执行应急预案的阻力。可采取的根本措施有：一是利用"外脑"，充分发挥智囊机构的作用。危机决策者可以组织各领域的专家，运用其专业知识和经验，通过全面收集危机信息来分析危机爆发概率、界定危机性质、评估危机影响、协助制定反危机战略和应急预案。二是建立并完善参与型的危机决策机制。通过畅通公众意愿的表达渠道和采用咨询、听证等方式倾听民众对危机决策问题的看法，在平衡各方利益的根底上，制定出真正反映大多数公众利益的危机决策方案。

2. 提高危机事中决策的满意度

尽管危机应急预案是在危机爆发前基于危机信息监测系统制定而成，但是它并不能完全解决危机爆发中的全部问题。因此，危机决策系统的决策能力对于应对危机发展中的突发状况尤为重要。然而在危机环境下，危机的巨大危害性和危机决策的不可逆转性会突破决策者的惯常心理认定，甚至会造成群体"盲思"。决策者在理性非常有限的情况下，常常会倾向制定次优决策。为了提高危机事中决策的满意度，一方面，要强化危机应急预案的指导力。总体上看，危机应急预案可以指导危机治理工作的成功开展。即使危机开展中的突发状况会影响应急预案的适用性，基于科学的危机应急预案的危机事中决策却可以在最大程度上保证决策的满意度，即保证该决策方案是在现有危机环境下的最优决策。另一方面，要创新决策技术。将信息技术、人工智能技术、系统论、控制论等先进技术的最新成果运用于危机事中决策。通过构建危机决策支持系统简化决策程序，提高决策理性。

五、垃圾桶决策模式

（一）概念

垃圾桶模型是企业内部的一种决策制定模式。这个名字是从组织的一系列决策制定中产生出来的，这一模型最早是由美国管理学教授詹姆斯·马奇（James March）、科恩（Michael D. Cohen）、奥尔森（Johan. G. Olsen）等于1972年提出的。简单地说，该模型认为，企业员工面对一项决策时，会不断提出问题并给出相应的解决方案。这些方案实际上都被扔进了垃圾桶，只有极少数能够成为最终决策的组成部分。

（二）垃圾桶决策模式的具体内容

垃圾桶模型的基础是马奇教授对组织行为的观察，他发现，在企业中工作的人们容易对某些行为模式产生偏好。这些模式成为他们个人选择问题的解决方法时宠爱有加的"宝贝儿"。作为结论，模型指出：不管问题发生在何时何地，人们都会以此为机会，来实施他们早已选定的解决方法。这会影响到决策的制定过程和最终结果。

该模型的另一特色，是将企业看作由一系列竞争性对策构成的集合体，随时等待着问题的出现。因此，在垃圾桶模型下，决策可视为问题、对策和决策者的选择三者的某一特定组合。从这个意义上，最终决策只不过是发生在垃圾桶内的淘金过程的副产品而已。

马奇和另一位美国管理学者里查德·西特（Richard Cyert）还提出一种观点。他们认为，企业的运行方式是一种有组织的无政府状态。这刚好与垃圾桶模型不谋而合。

（三）垃圾桶决策模式的特征

1. 目标模糊

就该项特征整个组织本身所要追求的目标并不具体清楚，对各种施政目标的优先级也不明确，意味着组织对各种施政目标的优先级并非一成不变，而是可以视必要情况随时加以调整的。

通常当一个组织发展到具有相当规模时，伴随而来的就是组织越变越复杂，它同时也会追求许多不同的目标，这些目标又可分成多项的次目标。当企图再将这些次目标加以具体化陈述时，则常会出现目标之间矛盾不一的情况。正如前面说过，组织目标是模糊的，施政目标的优先级不是一成不变的，而是可以挪动的。

2. 手段或方法的不确定

第二个特征是对如何达成目标的手段或方法并不清楚。这种组织的成员通常只知道与本身职责相关的业务，对整个组织的运作充其量只有一些很基本和粗浅的认识。成员需要去尝试错误，从经验中去学习，甚至要在面对危机时摸索和思考解决的办法。该种组织是一个松散的结构，有时甚至是先决定了要做什么事或是有了行动，然后再去思考为什么要做这件事，以及做这件事的目标是什么，而不尽然像理性决策模式所主张的依逻辑思考的决策步骤以解决问题。

3. 流动性参与

第三个特征是在政策形成的过程中，参与决策人员具有相当程度的流动性，也就是说参与决策者可能前后完全不同，故同样的议题由于不同的人员出席讨论，结论也可能与原先规划完全不同。

（四）垃圾桶决策模型的四股力量

垃圾桶模型认为，具有上述三项特征的组织，其决策常常决定于四股力量：问题、解决方案产生的速度、参与人员、决策的机会。

1. 问题

决策本来就是企图解决问题，垃圾桶管理决策组织问题林林总总，有大有小。每一问题由下列三项来描述，分别为进入时间，即问题浮现的时点；解决问题所需的能量；通路结构，即一些能触及问题的选择。

2. 解决方案产生的速度

有了问题并不表示就有解决的方案，当问题与选择（决策的机会）配合时，会有解决方案产生，而流动速率是指系统内产生解决方案的速率。如很多国家的失业问题，显示他们的劳资双方与国家经济甚至教育体系都有问题，但尚无较佳的解决方案。再则，很多社会、政治、经济、教育的问题，也不是有了方案就真的能解决问题。

3. 决策参与者

决策参与者的重要性，前面已有提及。要注意的是，决策参与者不必然是一群在某时某地开会和参与讨论的人员或官员，有可能学术界、舆论界、民间团体乃至一般老百姓，也加入某一政策的争辩且企图影响最后的决策。而决策参与者共识的建立，也是决策能否订定的关键之一。

4. 决策的机会

最后的一股力量是决策的机会，政策的决定，要等待恰当的时机。政策之窗一开，机会一来，打铁趁热，决策就可定案。如果机会一失，代表政策之窗关闭，则需等待下一次机会的出现。

第三节　企业危机决策的方法

一、定性决策法

定性决策方法是决策者根据所掌握的信息，通过对事物运动规律的分析，在把握事物内在本质联系基础上进行决策的方法。定性决策方法主要有德尔菲法、头脑风暴法等。

（一）德尔菲法

1. 概述

德尔菲法是一种定性决策方法，一种改进的专家意见法。其实质是有反馈的函询调查，它包括两个基本点，即函询和反馈。这种方法是就某一问题发函给某些专家，请他们提出意见或看法。经过多轮反复，直到意见趋于集中为止。

德尔菲法（Delphi method）是在20世纪40年代由赫尔姆和达尔克首创，经过戈尔登和兰德公司进一步发展而成的。德尔菲这一名称起源于古希腊有关太阳神阿波罗的神话。传说中阿波罗具有预见未来的能力。因此，这种预测方法被命名为德尔菲法。1946年，兰德公司首次用这种方法进行预测，后来该方法被迅速广泛采用。

德尔菲法依据系统的程序，采用匿名发表意见的方式，即专家之间不得互相讨论，不产生横向联系，只能与调查人员产生联系，多轮次调查专家对问卷所提问题的看法，经过反复征询、归纳、修改，最后汇总成专家基本一致的看法，作为预测的结果。这种方法具有广泛的代表性，较为可靠。

德尔菲法是预测活动中的一项重要工具，在实际应用中通常可以划分三个类型：经典型德尔菲法、策略型德尔菲法和决策型德尔菲法。

2. 实施步骤

德尔菲法的具体实施有以下六个步骤。

（1）组成专家小组。按照课题所需要的知识范围，确定专家。专家人数的多少，可根据预测课题的大小和涉及面的宽窄而定，一般不超过20人。

（2）向所有专家提出所要预测的问题及有关要求，并附上有关这个问题的所有背景材料，同时请专家提出还需要什么材料，并由专家作出书面答复。

（3）各个专家根据他们所收到的材料，提出自己的预测意见，并说明自己是怎样利用这些材料并提出预测值的。

（4）将各位专家第一次判断的意见汇总，列成图表，进行对比，再分发给各位专家，让专家比较自己同他人的不同意见，修改自己的意见和判断。也可以把各位专家的意见加以整理，或请身份更高的其他专家加以评论，然后把这些意见再分送给各位专家，以便他们参考后修改自己的意见。

（5）将所有专家的修改意见收集起来，汇总，再次分发给各位专家，以便做第二次修改。逐轮收集意见并为专家反馈信息是德尔菲法的主要环节。收集意见和信息反馈一般要经过三四轮。在向专家进行反馈的时候，只给出各种意见，但并不说明发表各种意见的专家的具体姓名。这一过程重复进行，直到每一个专家不再改变自己的意见为止。

（6）对专家的意见进行综合处理。德尔菲法同常见的召集专家开会、通过集体讨论、得出一致预测意见的专家会议法既有联系又有区别。德尔菲法能发挥专家会议法的优点，即第一，能充分发挥各位专家的作用，集思广益，准确性高；第二，能把各位专家意见的分歧点表达出来，取各家之长，避各家之短。同时，德尔菲法又能避免专家会议法的缺点：一是权威人士的意见影响他人的意见；二是有些专家碍于情面，不愿意发表与其他人不同的意见；三是出于自尊心而不愿意修改自己原来不全面的意见。德尔菲法的主要缺点是过程比较复杂，花费时间较长。

（二）名义小组技术

1. 概述

一个人的独立思路被放在首位，适合在领导高层决议分歧严重、僵持不下时使用，由小组各自独立思考并互相投票选择推导方案。

2. 名义小组技术的实施步骤

所需材料：给每个人纸、钢笔或铅笔、挂纸、记号笔和磁带。

（1）陈述头脑风暴法的主题。如果需要的话，对任务说明加以解释。

（2）每位小组成员在一段时间（5~10分钟）内默默地思考，并写下尽可能多的想法。

（3）每位成员轮流大声地说出一个想法，辅导者将其写在活动挂纸上。不允许讨论，甚至是对问题进行解释。小组成员说出的想法不一定来自他们写下的列表。实际上，随着时间的推移，将有很多新的想法产生。当轮到某位成员说时，如果他当时没有了想法，可以说"过"。当然他也可以在下一轮中增加想法。过程一直持续到所有成员说"过"或者达到规定的时间。

（4）轮流讨论每个想法。只有当想法的提出者同意时才可以修改它，只有所有人一致同意才可以把想法从列表中删除。讨论可以解释意义，阐明逻辑或者分析过程，提出并回答问题，或者表示同意与否。

（5）使用多轮投票法或排列削减法排列想法的先后顺序。

（三）头脑风暴法

1. 概述

头脑风暴法也叫思维共振法、畅谈会法。这种方法的基本思路是：邀请有关专家在敞开思路、不受约束的气氛下，针对决策问题畅所欲言，通过专家之间的信息交流，引起思维共振，产生连锁效应，从而导致创造性思维的出现。

头脑风暴法的目的在于营造一种自由奔放思考的环境，诱发创造性思维的共振和连锁反应，产生更多的创造性思维。

2. 头脑风暴法的实施步骤

头脑风暴法力图通过一定的讨论程序与规则来保证创造性讨论的有效性，由此，讨论程序构成了头脑风暴法能否有效实施的关键因素，从程序来说，组织头脑风暴法关键在于以下几个环节。

（1）确定议题。一个好的头脑风暴法从对问题的准确阐明开始。因此，必须在会前确定一个目标，使与会者明确通过这次会议需要解决什么问题，同时不要限制可能的解决方案的范围。一般而言，比较具体的议题能使与会者较快产生设想，主持人也较容易掌握；比较抽象和宏观的议题引发设想的时间较长，但设想的创造性也可能较强。

（2）会前准备。为了使头脑风暴畅谈会的效率较高，效果较好，可在会前做一点准备工作。如收集一些资料预先给大家参考，以便与会者了解与议题有关的背景材料和外界动态。就参与者而言，在开会之前，对于要解决的问题一定要有所了解。会场可作适当布置，座位排成圆环形往往比教室式更为有利。此外，在头脑风暴会正式开始前还可以出一些创造力测验题供大家思考，以便活跃气氛，促进思维。

（3）确定人选。一般以 8~12 人为宜，也可略有增减（5~15 人）。与会者人数太少不利于交流信息，激发思维而人数太多则不容易掌握，并且每个人发言的机会相对减少，也会影响会场气氛。只有在特殊情况下，与会者的人数可不受上述限制。

（4）明确分工。要推定一名主持人，1~2 名记录员（秘书）。主持人的作用是在头脑风暴畅谈会开始时重申讨论的议题和纪律，在会议进程中启发引导，掌握进程。如通报会议进展情况，归纳某些发言的核心内容，提出自己的设想，活跃会场气氛，或者让大家静下来认真思索片刻再组织下一个发言高潮等。记录员应将与会者的所有设想都及时编号，简要记录，最好写在黑板等醒目处，让与会者能够看清。记录员也应随时提出自己的设想，切忌持旁观态度。

（5）规定纪律。根据头脑风暴法的原则，可规定几条纪律，要求与会者遵守。如要集中注意力积极投入，不消极旁观；不要私下议论，以免影响他人的思考；发言要针对目标，开门见山，不要客套，也不必作过多的解释；与会之间相互尊重，平等相待，切忌相互褒贬等。

（6）掌握时间。会议时间由主持人掌握，不宜在会前定死。一般来说，以几十分钟为宜。时间太短与会者难以畅所欲言，太长则容易产生疲劳感，影响会议效果。经验表明，创造性较强的设想一般要在会议开始 10~15 分钟后逐渐产生。所以，会议时间最好安排在 30~45 分钟。倘若需要更长时间，就应把议题分解成几个小问题分别进行专题讨论。

3. 基本要求

（1）组织形式。参加人数一般为 5~10 人（课堂教学也可以班为单位），最好由不同专业或不同岗位者组成；会议时间控制在 1 小时左右；设主持人 1 名，主持人只主持会议，对设想不作评论。设记录员 1~2 人，要求认真将与会者每一设想不论好坏都完整地记录下来。

（2）会议类型。设想开发型：这是为获取大量的设想、为课题寻找多种解题思路而召开的会议，因此，要求参与者要善于想象，语言表达能力要强。设想论证型：这是为将众多的设想归纳转换成实用型方案召开的会议，要求与会者善于归纳、善于分析判断。

（3）会前准备。会议要明确主题。会议主题提前通报给与会人员，让与会者有一定准备；选好主持人。主持人要熟悉并掌握该技法的要点和操作要素，摸清主题现状和发展趋势；参与者要有一定的训练基础，懂得该会议提倡的原则和方法；会前可进行柔化训练，即对缺乏创新锻炼者进行打破常规思考，转变思维角度的训练活动，以减少思维惯性，从单调的紧张工作环境中解放出来，以饱满的创造热情投入激励设想活动。

二、定量决策法

定量决策方法是利用数学模型优选决策方案的方法。根据所选方案结果的可靠性不同，一般分为确定型决策方法、风险型决策方法和不确定型决策方法三类。

1.确定型决策方法

这种决策方法的特点是，只要满足数学模型的前提条件，就可以得出特定的结果。用于确定型决策的方法，是盈亏平衡点法。

确定型决策是指决策者对决策的各种条件和因素完全掌握的决策。它必须具备四个条件：一是具有决策者希望达到的目标；二是客观条件相对稳定；三是有两个以上可供选择的方案；四是各方案执行的结果是明确的。确定型决策一般用于程序化的管理性或业务性的决策。

确定型决策的主要方法有以下三种。（1）直观判断法，它是指决策的因素很简明，无须复杂的计算，可以直接选择出最优方案的决策方法；（2）线性规划法，线性规划是研究在线性约束条件下，使一个线性目标函数最优化的理论和方法，线性规划法在经营决策中常用于解决利润最大、成本最低、时间最省、资源调配最合理等问题；（3）盈亏分析法，盈亏分析是依据与决策方案相关的产品产量（销售量）、成本（费用）和盈利的相互关系，分析决策方案对企业盈利和亏损发生的影响，据此来评价、选择决策的方法。其中，产量销售量法，即以某一产品的固定费用与变动费用确定盈亏平衡点，此法适用于单一品种生产的决策分析，或虽属多品种生产，但各品种的固定费用可以划分清楚；销售额法，即以某一产品销售额的固定费用与变动费用确定盈亏平衡点，此法适用于多品种生产而每个品种的固定费用又不能划分清楚的情况；边际利润率法，边际利润率是指边际利润与销售收入之比，而边际利润则是销售收入扣除变动费用后的余额，此法是以某一产品的边际利润率与固定成本的关系来求盈亏平衡点。

2.风险型决策方法

风险型决策也叫随机性决策或概率性决策。它需要具备下列条件，第一，有一个明确的决策目标；第二，存在着决策者可以选择的两个以上的可行方案；

第三，存在着决策者无法控制的两个以上的客观自然状态；第四，不同方案在不同自然状态下的损益值可以计算出来。由于风险型决策自然状态出现的概率不确定，只能估计出一个概率，所以决策人要承担因估计失误而带来的风险。这种决策方法主要应用于有远期目标的战略决策或随机因素较多的非程序化决策，如投资决策、技术改造决策等。常用的方法有以下两种。

（1）期望值法。首先计算出每个方案的损益期望值，并以此为目标，选择收益最大或最小的方案为最优方案。

（2）决策树法。决策树法是以决策损益值为依据，通过计算比较各个方案的损益值，绘制树枝图形，再根据决策目标，利用修枝寻求最优方案的决策方法。该方法最大的优点是能够形象地显示出整个决策问题在不同时间和不同阶段的决策过程，逻辑思维清晰，层次分明，特别是对复杂的多级决策尤为适用。

3. 不确定型决策方法

这种方法是指决策人对未来事件的结果不能确定，但可以通过对各种因素的分析，估算出未来事件在各种自然状态下的损益值的一种决策方法。这种决策方法主要有保守法、冒险法、后悔值法、折中法、等概率法等。

非确定型决策的方法有乐观准则、悲观准则、乐观系数准则、机会均等准则、后悔值准则。

（1）乐观准则（大中取大）。这是决策者对客观情况抱乐观态度。它是先找出各种行动方案在各种自然状态下的最大收益值，并选取最大收益中的最大值所对应的行动方案作为决策方案。

这种方法的特点是，决策者对决策事件未来前景的估计乐观并有成功的把握，因此愿意以承担风险的代价去获得最大收益。

（2）悲观准则（小中取大）。这种决策方法与乐观准则正相反，它要先算出各种方案在各种自然状态下可能有的收益值，再找出各种自然状态下的最小收益值，把最小收益值中的最大值对应的方案作为决策方案。

采用这种方法是非常保守的，决策者唯恐决策失误造成较大的经济损失。因此在进行决策分析时，比较小心谨慎，从最不利的客观条件出发来考虑问题，力求损失最小。

（3）乐观系数准则（折中准则）。这是介于上述两个准则之间的一个准则，把自然状态好和差的概率变成人为地估计一种可能性，对乐观和悲观出现的可能性进行估计，就是乐观系数。决策人根据市场预测和经验判断确定一个乐观系数 a 为主观概率，其值在 $0 \leq a \leq 1$，每个方案的估计损益期望值 $=a \times$ 最大损益值 $+（1-a）\times$ 最小损益值。

乐观系数准则比较接近实际，但乐观系数的决定很关键，常带有决策者的主观性。

（4）机会均等准则。假定各个自然状态发生的概率相等，计算各个方案损益期望值，再以损益期望值为决策标准。

（5）后悔值准则。这是因决策的失误造成机会损失而后悔。我们的目的是使折中后悔减少到最低程度，故以各个方案机会损失大小来判定方案的优劣。决策过程是在计算出各个方案在各种自然状态下的后悔值以后，从中选择每个方案的最大后悔值，然后从最大后悔值中选取最小者为决策方案。

以上五种方法，作为非确定型决策优选方案的依据，都带有相当程度的随意性，由于决策方法不同，决策的结果是不一样的。因此，在实际工作中，决策方法的选择，主要取决于决策者的知识、经验、观念、综合分析判断能力和魄力。

第四节　实务演练

一、案例分析：某连锁快餐集团过期食品风波

2012 年 3 月 15 日，中央电视台"3·15"晚会报道了位于北京三里屯的一家连锁快餐厅发生鸡翅超过保温期后不予取出、甜品派以旧充新及食材掉地上不加处理继续备用等违规情况。

当晚 9 点左右，北京市卫生监督所数名工作人员赶到现场，对该连锁餐厅三里屯店进行突击检查。记者跟随检查人员进入后厨，发现其卫生情况并不乐观，夹道等处有不少面皮，且记者未在操作间发现任何计时设备。

约 1 个小时后，卫生监督所工作人员向媒体公布了检查结果，发现该连锁

餐厅后厨有数处问题违规，并相应提交了《卫生监督意见书》。检查人员介绍，检查期间发现该餐厅操作间的垃圾桶没有加盖，冷库内存放的食品有些未上架存放，食品和外包装材料有混放情况，且在夹道内发现数批面包坯子未存放在食品专用库内。

该连锁快餐企业公司方面相关负责人也赶到现场。面对媒体，其公关部相关负责人田女士没有提供央视报道中提及的员工手册，她表示，企业方面对此事十分重视，将借此契机加强内部管理，并启动系统自查，如果查明属实，将对相关员工进行惩罚。

当天晚上9点50分，距被曝光违规操作仅一个小时该连锁快餐餐厅的新浪官方微博作出回应：央视"3·15"晚会所报道的北京三里屯餐厅违规操作的情况，本餐厅对此非常重视。我们将就这一个别事件立即进行调查，坚决严肃处理，以实际行动向消费者表示歉意。我们将由此事深化管理，确保营运标准切实执行，为消费者提供安全、卫生的美食。欢迎和感谢政府相关部门、媒体及消费者对我们的监督。

对于该企业的这种解释，不少网民指责其态度敷衍。该企业作为一家世界500强企业，在销售环节中出现这样的问题必须承担相应的责任并彻底自查，而不是拿"个别事件"的理由来敷衍公众。该企业食品卫生手册制定要求高，实际操作起来困难，尤其是成本控制。但不能高标准宣传，降低标准来操作，涉嫌欺骗。

3月16日，该企业三里屯店关门歇业。该企业一名负责人对媒体表示，目前该企业已经对三里屯门店进行了停业整顿处理，将追究相关人员的责任，并同时对其全国1400多家门店重申了餐厅操作标准，要求各门店进行彻底自查。

3月16日上午，国家食品药品监管局食品安全监管司主要负责人对该企业进行责任约谈，要求该企业对"3·15"晚会媒体曝光的问题高度重视，认真吸取教训，采取有效措施，立即进行整改，强化诚信教育，严防此类事件再次发生，有效维护消费者的切身利益。

3月22日，该快餐餐厅三里屯店正式恢复营业。该店门上不仅贴上了"用心承诺"的字样，在门前还摆放了一封致歉信。"深表歉意""监督""批评""产品质量"等字均用了大号字体。该企业方面表示，在停业期间，三里屯餐厅积极接受并配合了相关部门的检查，完成了内部自查和培训，恢复对外营业。

思考·讨论·训练：

1.在该事件爆发后，企业是如何回应的？效果如何？

2.从承担责任原则、真诚沟通原则、速度第一原则、系统运行原则和权威认证原则五个方面对该案例进行点评。

3.分析企业在应对处置该事件过程中的不足。

二、技能训练

1.背景资料

上海市消费者保护委员会于2021年5月约谈某外卖平台、某电商平台，称后两者在消费者权益保护方面存在突出问题。上海市消费者保护委员会指出，在平台运营中，该电商平台存在六大主要问题：一是商品质量问题；二是假冒侵权问题；三是强制取消订单；四是虚假发货问题；五是售后服务问题；六是砍价拉新问题。

上海市消费者保护委员会要求该电商平台在平台经营过程中要摒弃唯流量思维，要从保护消费者合法权益的角度，真正落实平台主体责任：一是强化对商户的资质审核，杜绝假冒伪劣产品的上线；二是要诚信履约，对商家虚假发货、强制砍单等行为决不姑息、严肃处置；三是切实履行好平台在消费者权益保护方面的责任，对于消费者的投诉，要做到应收尽收并及时妥善处理；四是平台不能够依仗其市场优势地位，提高中间环节收费，增加消费者与商户的不合理负担；五是平台应对照相关法律法规的要求，纠正其在拉新活动中存在的虚假、诱导等行为。

某外卖平台存在的问题则有：取消订单引发的退款问题；订送餐、生鲜蔬菜配送不履约问题，以及页面误导消费者的问题。上海市消费者保护委员会要求该外卖平台：一是完善页面描述和服务规则，特别是涉及消费者权益的重要内容，要以显著方式向消费者加以提示；二是切实履行订单义务，如果遇到特殊情况导致住宿、票务等约定无法履行的，平台也应主动联系消费者协商解决；三是公平设置与平台商户的约定与收费，不依仗市场优势地位增加商户和消费者的不合理负担；四是严格物流配送时效性，保障订单及时按地配送到位，杜绝虚假签收的情况；五是对社区团购等新业务当中遇到的涉及消费者合法权益的新问题要及时研究解决对策，优化业务模式，形成社区团购消费者权益保护规范。

如果你是该外卖平台和该电商平台的公关经理，请制定相应的危机应对方案。

2. 实训步骤

（1）企业危机决策。要求组织在有限的时间、资源、人力等约束条件下完成应对危机的具体措施。决策主体：政府（核心）、非政府组织、媒体、公众；决策问题：现实的突发事件、潜在的突发事件；决策目标：控制危机，减轻灾难的危害程度；控制、调整促使危机向有利方面转变。

（2）企业危机管理决策的流程。第一，识别问题；第二，探讨解决问题的方案；第三，选择方案；第四，实施方案；第五，情景评估。

（3）危机管理决策的方法。首先，危机事前决策法。具体分为：确认决策面临的问题；确认决策评估标准、方式、权重；制订和评估备选方案；选择和执行备选方案；评估决策程序以及决策结果的影响。

其次，危机事中决策。具体包括：危机情景下决策的特征；危机中决策的模式；作出"满意的"或"次优"的决策。

最后，危机快速决策法。具体包括：认定及细化问题；建立评估标准；确认备选政策；评估备选方案；展示和区分备选方案；监督和评估政策实施。

3. 实训要求

（1）制订企业危机决策方案。

（2）实训分小组进行，根据班级人数，每组4~6人。

（3）各小组派代表上台汇报，接受同学质询。

（4）每组派一名代表担任评委。

（5）老师对各小组的企业危机决策方案及汇报过程进行评价，指出存在的问题。

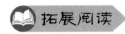

预防企业危机的五个方法

一、树立危机意识

要培养企业全体员工的忧患意识，企业领导人首先就要具备强烈的危机意识，能把危机管理工作做到危机实际到来之前，并为企业应对危机做好组织、人员、措施、经费上的准备。

二、设立危机管理的常设机构

它可以由以下人员组成：企业决策层负责人、公关部负责人和一些其他主要部门的负责人。这些成员应保证其畅通的联系渠道。当危机发生时，机构自然转型为危机领导核心。

三、建立危机预警系统

企业公关危机是企业内外环境出现问题造成的，因此，在危机爆发之前，必然要显示出一些信号。

当企业经营过程中出现如下征兆时，就有必要提请决策部门注意并进一步加强监测：对企业或企业领导人形象不利的舆论越来越多；受到政府、新闻界或同行业人士的异乎寻常关注；企业的各项财务指标不断下降；组织遇到的麻烦越来越多；企业的运转效率不断降低。

四、制订危机管理方案

企业实施公关危机管理时，应考虑到所有可能造成与社会发生摩擦的问题和趋势；确定需要考虑的具体问题，不断监控行动结果；获取反馈信息，根据需要修正具体方案。

决定对一些需要解决的问题采取的行动方针，实施具体的解决方案和行动计划。

在一个企业内部举办媒体公关培训。在企业发生危机时，企业能否冷静自如、坦诚大度地面对媒体、巧妙地回答媒体的问题，是化解危机公关的一个重要关键。预先对企业领导者以及公关人员进行这方面的培训是非常重要的。

五、建立并维护良好的媒体合作平台

定期与媒体进行沟通，获得媒体的信任与支持。

课后练习

一、名词解释

危机决策　理性模型　有限理性决策模型　直觉决策　渐进决策模式
垃圾桶决策模式　德尔菲法　头脑风暴法　确定型决策　风险型决策

二、简答题

1.危机决策相对于风险决策来说有哪些特点？

2.简述理性决策的重要假设有哪些？

3.理性决策的优点和缺点分别是什么？

4.有限理性模型的主要观点是什么？

5.简述直觉决策的特点及过程。

6.垃圾桶决策模型的四股力量是什么？

三、论述题

1.论述危机决策与常规决策的区别。

2.危机决策的影响因素有哪些？是怎样影响危机决策的？

3.论述危机决策的常见模式。

4.西蒙的行政组织思想有哪些？

5.渐进决策模式在危机决策中的适用性体现在哪里？

6.试论述企业危机的定性决策方法。

7.企业危机决策的定量方法有哪些？各有什么特点？

第四篇

网　络　篇

第九章　网络舆情危机

2019年11月29日，某公众号撰写了一篇文章，文章中作者宣传"喝咖啡致癌，是被隐瞒了八年的真相……""法院的一纸裁定，可以说是直接判了某主营咖啡的餐饮公司的'死刑'"等对该公司非常不利的内容。

事实上，2019年11月15日，某地区高等法院法官裁定该咖啡公司和其他食品公司必须在销售的产品上贴上癌症警告标签，因为其在焙烧过程中产生的化学物质可能会致癌。法官在11月14日表示，"原告提供的证据表明，咖啡的消费增加了对胎儿、婴儿、儿童和成人的伤害风险"，"被告制造商没有在审判中提出适当的理由来占据上风"。

据悉，这场诉讼由非营利组织毒理学教育和研究委员会根据法律提出，已经历时八年。该场诉讼被起诉方还包括该主营咖啡的餐饮公司和其他同行90家公司。对于这次危机，该公司的反应则显得相对平静，只通过媒体记者的采访给出回应，而非主动回应。从媒体报道可查出，公司对此事作出过两次回应。

第一次是在2019年12月1日，有媒体求证，该裁决并不针对该公司一家，而是针对整个行业。目前，行业协会已就裁决发布公告，坚称咖啡食品是安全的，法院裁决存在误导公众的嫌疑。第二次在2019年12月5日，该企业向媒体提交了一份完整的声明。该公司始终坚持为顾客提供高品质及安全可靠的食品，并致力于让顾客感受优质的购买体验。

该公司在这次危机公关中的应对上是比较被动的。选择不主动回应，而是通过媒体转述给公众。尤其在回应中，大部分是转述了行业协会的相关公告，只是当了一回翻译。而自己回应的部分只有"公司始终坚持为顾客提供高品质及安全可靠的食品，并致力于让顾客感受优质的购买体验"，这无关痛痒的一句话。

从最初的回应来看，问题的关键是该食品致癌，而非该公司生产的产品致癌，影响的是全行业。既然不是该公司自身的问题，也就没有必要为此专门出面回应。因而，该公司选择抽身在幕后，由相关行业协会和食品安全权威机构辟谣。

第一节　网络舆情概述

一、网络舆情概述

1. 基本概念

网络舆情是指在一定的社会空间内，通过网络围绕中介性社会事件的发生、发展和变化，民众对公共问题和社会管理者产生和持有的社会政治态度、信念和价值观。它是较多民众关于社会中各种现象、问题所表达的信念、态度、意见和情绪等表现的总和。网络舆情形成迅速，对社会影响巨大。随着互联网在全球范围内的飞速发展，网络媒体已被公认为是继报纸、广播、电视之后的"第四媒体"，网络成为反映社会舆情的主要载体之一。

网络舆情是社会舆情在互联网空间的映射，是社会舆情的直接反映。传统的社会舆情存在于民间，存在于大众的思想观念和日常的街头巷尾的议论之中，前者难以捕捉，后者稍纵即逝，舆情的获取只能通过社会明察暗访、民意调查等方式进行，获取效率低下，样本少而且容易流于偏颇，耗费巨大。而随着互联网的发展，大众往往以信息化的方式发表各自看法，网络舆情可以采用网络自动抓取等技术手段方便获取，效率高而且信息保真（没有人为加工），覆盖面全。

2. 网络舆情的特点

网络舆情表达快捷、信息多元，方式互动，具备传统媒体无法比拟的优势。网络的开放性和虚拟性，决定了网络舆情具有以下五个特点。

（1）直接性。通过抖音、小红书、微博等，网民可以立即发表意见，下情直接上达，民意表达更加畅通；网络舆情还具有无限次即时快速传播的可能性。在网络上，只要复制粘贴，信息就得到重新传播。相比较传统媒体的若干次传播的有限性，网络舆情具有无限次传播的潜能。网络的这种特性使它可以轻易穿越封锁，令监管部门束手无策。

（2）随意性和多元化。网民可以比较随意地发表言论。网络舆情不同于传统媒体的另一特点是缺乏媒体"审核人"的角色。在网络上，可能不经过审核直接发布信息。网民在网上或隐匿身份或现身说法，嬉怒笑骂，交流思想，多元化的交流为民众提供了宣泄的空间，也为收集真实舆情提供了素材。

（3）突发性。网络舆论的形成往往非常迅速，一个热点事件的存在加上一种情绪化的意见，就可以成为点燃一片舆论的导火索。

（4）隐蔽性。互联网是一个虚拟的世界，由于发言者身份隐蔽，并且缺少规则限制和有效监督，网络自然成为一些网民发泄情绪的空间。在现实生活中遇到挫折，对社会问题片面认识等，都会利用网络得以宣泄。因此在网络上更容易出现庸俗、灰色的言论。

（5）偏差性。互联网舆情是社情民意中最活跃、最尖锐的一部分，但网络舆情还不能等同于全民立场。随着互联网的普及，新闻跟帖、论坛、博客、各种 App 的出现，中国网民们有了空前的话语权，可以较为自由地表达自己的观点与感受。但由于网络空间中法律道德的约束较弱，如果网民缺乏自律，就会导致某些不负责任的言论，例如热衷于揭人隐私、谣言惑众、偏激和非理性、群体盲从与冲动等。

二、网络舆情危机概述

网络舆情危机是通过互联网传播的负面或突发事件，网络公众对事件或现象中焦点和热点的态度、意见、情绪、观点和信念等的总和。在网络环境中负面舆情事件传播所产生的舆论影响范围非常广泛，并给舆情中的当事人或主体造成非常快速的负面影响扩散。

公众参与事件的讨论主要原因是此事件会涉及公众切身利益、某些社会问题和现象、生活环境中的关注热点等，而加以网络媒体的优势和自发性、公平性等特点会使事件很快形成网络舆论的力量。

三、网络舆情危机的成因

1. 政治政策因素

从政治角度来看，网络媒体早已成为连接政府和民众的重要纽带，能够形成广泛的上传与下达的交流沟通渠道。从政策角度来看，我国政府对网络舆论的健康发展非常关注，为能够为公众提供自由而开放的言论环境而不断优化相关政策。

2. 社会环境及热点事件

我国社会仍然存在着某些公众成员之间的矛盾，如贫富差距问题、劳务权益问题、消费者权益问题等，而由此引发的各类焦点事件经过媒体的传播将会吸引广泛公众的关注，因为这些问题或与其自身所处的生活环境中的利益有着紧密的关联，而且社会公众群体因为这种关注行为，也很容易从观望的角色，通过便捷的互联网转变为舆论的参与者。

3. 网络媒体的影响力

国内网民规模不断提升，截至 2022 年 8 月 31 日，中国互联网信息中心（CNNIC）在京发布第 50 次《中国互联网络发展状况统计报告》，报告显示，截至 2022 年 6 月，我国网民规模为 10.5 亿，互联网普及率达 74.4%。

如微博、微信、短视频等网络平台在社会广泛覆盖与渗透，促使新闻与资讯等各类媒体纷纷加入其中，形成除自有传播平台以外的网络媒介矩阵态势，同时也为公众提供了便捷的交互沟通方式和集中的社会传播模式，逐步又为网络舆情的形成和发展提供了良好的媒介基础。

4. 不良和虚假信息传播

一方面，在网络中公众可以通过匿名对感兴趣的舆论话题发表主观看法，而网络的隐匿性可能会造成有目的地操控信息的发布，使舆论话题向不良的趋势发展；另一方面，各类人群都可以在网络中发布信息，造成虚假信息严重影响并损害了媒体、组织、个人的公信度和声誉度，甚至会造成公众因盲目采信形成随波逐流的"群体极化"现象，这种状况的发展将会给社会舆论造成危害。而如何判断网络中的虚假和不良信息，如虚假新闻、谣言等，现阶段主要依靠政策的规范净化网络环境，但同时也需要网络公众能够主动地根据翔实信息多层面、多视角地了解事件，避免妄下定论式地发表个人观点或被有目的地操控，尤其是能够带动他人的意见领袖更需要具备良好的自制性和尊重事实的公正态度。

四、网络舆情危机的特点

网络舆情危机是由于负面的网络舆论占领了网络舆论阵地的主导地位，从而使当事人等处于被动的困难局面。网络舆情危机通常是由热点事件、重大事件等引起，迅速成为网民关注的焦点，再加上信息处理不当而成为蔓延到地方甚至全国的舆情危机。网络舆情危机一旦形成，应立即采取行动，处理不当会产生非常严重的后果。网络舆情危机事件在某种程度上具有一定的共性特点，主要包括以下三点。

1. 属于公开性事件范畴

网络舆情危机事件一般都是网络公开性事件，网络舆情要发挥影响力，就需要符合公开传播的要求，这样才能形成网络舆情，并随着舆情的各个要素而发生变化，或周期性消亡，或形成舆论浪潮，甚至危机事件。

2. 舆情事件与社会关注焦点相符

引发网络舆情危机的事件基本都与社会关注焦点相符。这种事件更容易吸引广大网民积极参与、广泛讨论，以致形成舆论效果，因此，这类事件具有一定的公共性质。此外，重大形势政策事件、社会热点问题等突发事件，也是孕育网络舆情危机事件的种子。

3.舆情事件与社会常态价值观念形成较大反差

如果舆情事件与社会上公认的价值观念相悖，与大众的固有价值观念和知识结构发生冲突，就会刺激公众强烈的表达欲望，这种差异便成了信息传播中的一种助推器，一旦发生马上引发热议。

第二节　网络谣言

一、网络谣言及其特点

国内学者对于网络谣言的定义多是参考了学者胡钰（2006）给谣言下的定义，即"谣言是一种以公开或非公开渠道传播的对公众感兴趣的事物、事件或问题的未经证实的阐述或诠释"。网络谣言的定义即"在网络这一特定环境下，网络使用实体以特定的方式传播的，对网民感兴趣的事件、事物或问题的未经证实的阐述或诠释"。谣言分为广义的谣言和狭义的谣言，有些学者对网络谣言的论述采用的是广义上的谣言，即包括流言、传闻和小道消息等表现谣言外延的概念。而更多的学者采用的是狭义上的谣言定义，即将谣言与流言区分开。无论是广义还是狭义，我们在探究网络谣言时都应该注意，网络谣言只是强调信息的未经证实性与不确定性，并不能将谣言与假信息画上等号。主要涉及突发事件、公共领域、名人要员、颠覆传统、离经叛道等内容。与一般的谣言相比，网络谣言具有以下特点。

从网络谣言本身来说，其具有以下三个特点。第一，迷惑性，谣言内容多与公众有关联性，是公众较为熟悉但不特别熟知的内容。同时，网络谣言会让公众模糊对其他方面信息的关注，而直接陷入对其内容的强烈情绪反应中，而忽略了事件本身的可靠性。第二，"真实性"，为了使公众相信谣言是真实的，谣言制造者往往采用新闻报道的手法，在形式上力求"逼真"甚至盗用权威媒体的名义。第三，煽动性，网络谣言往往极具煽动性，可以迅速引发公众强烈的情绪反应。

从网络谣言的传播来说，其具有以下三个特征。第一，传者匿名性，由于网络的匿名性与多支点，网络谣言经过大量的传播后，其谣言的最初传播者往往无迹可寻。第二，传受主客体身份的双重性，在网络谣言的传播过程中，网民往往既是传者又是受者，传受主客体身份具有双重性。第三，传播速度快，影响范围广，具有易发性与重复性。

从网络谣言产生的目的来说，其具有炒作性、自炒性、攻击性、报复性和宣泄性。

二、网络谣言的类型

（一）根据谣言内容分类

根据制造的谣言内容的不同，网络谣言主要有以下五类。

1. 网络政治谣言

主要指向党和政府，主要涉及政治内幕、政治事件、重大政策出台和调整等内容，让公众对国家秩序、政治稳定、政府工作产生怀疑和猜测，破坏党和政府的形象，危害国家安全和政权稳定。

2. 网络灾害谣言

捏造某种灾害即将发生的信息，或者捏造、夸大已发生灾害的危害性信息，引起公众恐慌，扰乱社会秩序和经济秩序。引发"抢盐风波"的核辐射谣言等就属于这类谣言。

3. 网络恐怖谣言

这类谣言一般是虚构恐怖信息或危害公众安全事件信息，引发公众恐慌，扰乱社会秩序，引起公众对政府管理的不满，影响社会稳定。

4. 网络犯罪谣言

这类谣言一般是捏造一些骇人听闻或令人发指的犯罪信息，引起公众愤怒、恐惧，引发公众对政府、政府工作人员或某些群体的不满，同时也影响当事人的声誉，扰乱他们的正常生活。

5. 网络食品及产品安全谣言

捏造或夸大某类食品或产品存在质量问题，引起公众对该类食品或产品的抵制，导致该类食品或产品生产者、销售者损失。

网络个人事件谣言是针对某些个人特别是名人而编造吸引眼球的虚假信息，侵害当事人隐私，给当事人造成负面影响甚至经济损失。

（二）根据谣言制造方式分类

根据制造谣言的方式不同来划分，网络谣言主要有四种类型。

一是网上爆料，发布捏造的不实信息；二是网上求证，网民发布求证真相的帖子，部分跟帖人凭借想象进行评述，形成谣言；三是"网上水军""公关公司"等，捏造新闻、事件和虚假信息；四是部分媒体法人或媒体从业人员，以实名认证微博、博客所发布的不实言论。

知识卡片：《2019年网络谣言治理报告》指出，医疗健康、食品安全、社会科学三类是网络谣言的高发领域，并分别针对这三类传播最广的十大谣言进行了"套路"分析。其中医疗健康类谣言主要有三大杜撰套路，例如用"偏方"炮制"药方"的谣言"疟原虫治癌症"，恶意用"经验"替代"科学"的谣言"人体真有最佳睡眠时间表"，以及用骇人标题引发公众恐慌的谣言"长期服用维D和钙片会致癌"。

食品安全类谣言的套路则包括曲解科学、夸大其词和归因错误，例如"红枣可以养肝补血"；社会科学类谣言的套路有杜撰捏造、哗众取宠，有捏造事实、消费热点，也有无中生有、错误解读，这便是使用了杜撰捏造的套路制造谣言。

三、网络谣言的形成原因

网络谣言的传播是多种因素共同作用的结果，以网民为参照主体，从主客观两个层面对网络谣言的成因进行总结分析。

从客观方面而言，网络谣言的形成主要有以下三个原因。

第一，针对网络谣言事件，权威信息存在缺失、滞后或者模糊。网络谣言往往是基于一些事件，特别是重大的突发性事件。当这些事件成为人们关注的焦点，而权威信息又没有及时出现，就为网络谣言提供了发展的空间。网络谣言成为人们获取信息的主要途径，并不断地扩散变化。

第二，网络把关人的缺失。网络作为开放的网状传播系统，传播主体多元，传播路径丰富，但缺少"把关人"。信息可以相对自由地流动，导致网络谣言等不实信息和虚假信息能够广泛传播。

第三，传统媒体信任度降低。一些传统媒体以"报喜不报忧"或"少报忧"的方式进行信息处理，极大地影响了传统媒体在信息传播方面的公信力。当一些重大的公共事件发生后，传统媒体对谣言进行澄清，一部分受众往往不相信这种澄清，甚至从反面进行理解，进一步加速谣言的扩散。

作为网络谣言主体的网民对网络谣言的传播起到了推波助澜的作用，其主观原因表现在以下三个方面。

首先，网民的辨析能力因为网络谣言中的威胁性信息而受到削弱。网络谣言往往依存于重大的公共事件，例如地震、瘟疫等灾难性事件。这些事件往往与网民有着重大的利害关系，导致相当一部分网民的心理承受能力被削弱。恐慌焦虑等情绪在网民中间蔓延，加之权威性信息的缺失和模糊，必然导致网民对网络谣言等"小道消息"的依赖程度增加，对网络谣言的可信度的辨识能力下降。

其次，社会负面情绪的宣泄。当前我国尚处于转型期，一些社会矛盾和问题依然存在，一些社会群体存在着一定的负面情绪。当网络谣言触发了这些人的负面情绪，引发了不满情绪的共鸣时，这些网民往往处于非理性的宣泄状态。事实与否已经不再重要，只是通过谣言的传播来表达自己的社会不满情绪。

最后，利己主义的网络谣言传播。人作为社会动物，往往存在一定的利益动机。一些网民出于自身利益的需要，恶意制造网络谣言，并积极参与谣言的传播，借此实现自身的利益诉求。这类谣言的制造者与参与者，尽管数量不多，但往往能造成极为恶劣的社会影响。

前沿案例： 重庆万州公交车坠江事件。2018 年 10 月 28 日上午 10 时 8 分，重庆市某区一辆公交车与一辆小轿车在某区长江二桥相撞后，公交车坠入江中。由于涉事小轿车的驾驶员是一名女性，且有现场图片显示，女司机当时穿的是高跟鞋。部分媒体关注的焦点开始偏移，纷纷发布涉事女司机逆行的相关新闻报道。

10 月 28 日，警方通过官方微博辟谣："重庆公交坠江事故的原因是公交车突然越过道路中间的双黄线，撞向正常行驶的小轿车，继而撞断护栏坠入江中。"后来，随着公交车"黑匣子"被打捞上岸，事故起因于乘客与司机发生了肢体冲突。此次事件再度暴露出大家对女司机的深刻偏见，而谣言的传播正是借力于我们的思维定式。

四、网络谣言的传播规律

不同的事件所引发的网络谣言，其传播流程不尽相同，简单地来说可以归为两类：普通事件网络谣言与突发事件网络谣言。普通事件网络谣言的传播流程分为三个阶段，即潜伏期、爆发期和消亡期。

潜伏期，是指网络谣言从开始出现到大规模传播这个阶段。由于最初接触到谣言的公众只是很小的一部分，因此在这一阶段谣言没有形成一定的规模和气势，也没有产生统一的主流意见。

爆发期，随着网络谣言引起的关注程度越来越高，越来越多的网民通过QQ 聊天、发表短视频、在网络平台及各 App 发帖等途径，发表个人意见，参与讨论。当众多的个人意见交织在一起，协调、融合、碰撞之后，就会形成一股压倒气势的"主流意见"。随着"主流意见"不断被传播，被放大，网络谣言至此就会达到顶峰，全面爆发。

消亡期，在经历了潜伏期—爆发期两个阶段之后，一部分谣言会随着公众注意力的转移而逐渐被遗忘，自然消亡。

而突发事件的网络谣言传播在爆发期与消亡期之间存在着一个变种期，即潜伏期—爆发期—变种期—消亡期。变种期即随着突发事件自身的发展变化，一些相关信息会陆续得到证实和披露，于是新的信息内容会被网民自发地添加进网络谣言中。普通事件网络谣言由于传播方式上的固定性（转帖转发）使得谣言内容不易变形和损耗，可以保持信息的一致性，可是突发事件的网络谣言，一方面由于突发事件自身的发展和变化，另一方面由于传播的不断增长，网上网下交叉传播，所以不可避免地会存在谣言的变种。

大部分学者在论述网络谣言传播的动力时，采用的是克罗斯的"谣言 =（事件的）重要性 ×（事件的）模糊性 / 公众的批判能力"。克罗斯认为谣言的传播与事情的重要性和模糊性成正比，事情越重要而且越模糊谣言传播的动力也就越大。而公众的批判能力越强，谣言传播的概率就越小。

五、网络谣言的危害

（一）社会恐慌

2011 年，日本福岛的第一核电站发生了核泄漏和爆炸事故，这则消息原本并没有过多值得重视的地方，但是在核泄漏发生几天时间，我国群众开始出现疯狂的抢盐现象，造成这种现象最主要的原因就是在网络中出现了这样三条消息：日本的核辐射会对我国造成影响；日本核辐射会对海水造成污染从而影响到我国的食盐；吃含碘食盐能有效避免核辐射的影响。这几则消息一出就引起了社会的恐慌，人们开始纷纷加入抢购的行列中。所以网络谣言的传播会造成比较严重的社会恐慌，对社会和谐发展造成一定的影响。

（二）网络信息的可信度降低

2011 年 2 月，在网络上出现"致癌皮革惊现市场"等类似文章，这些文章在出现后就被各个商业网站疯狂转载，面对这样的情况相关部门开始积极地辟谣，希望人们可以理性思考，不要轻信谣言。但是自从这些文章出现后，我国皮革制品行业就变得比较脆弱。也正是因为网络谣言的传播，导致网络信息的可信度降低。

（三）事件复杂化

各种信息可以在互联网上广泛地传播，这些信息表现出的价值和观点呈多元化，加上每个人的实际利益需求不同，这就导致社会舆论变得更加复杂。个体在网上发布信息时不会经过非常严格的筛选，所以互联网上的信息不仅量大，而且真假也不容易分辨，对事件的真实性不能全面反映，最终可能让事件变得复杂，解决时难度也就会相应的增加。

（四）损害个人及集体名誉

网络谣言传播的速度比较快，而且覆盖面也很广，所以网络谣言造成的危害大。对个人来说，网络谣言会对个人的生活和工作造成困扰，也可能对个人的声誉造成比较严重的损害。而对集体来讲，网络谣言可以让某单位或者企业的名誉受到损害，让其在社会上的信任度降低，甚至还可能会造成比较严重的经济损失。

第三节　实务演练

一、某家电企业废标危机，企业上演公关美学

2020年，某家电因为被质疑在某招标项目中造假和同行竞争对手又扯在了一起，被招标方取消中标资格的词条，在当时成功登上了各大平台的热搜榜，一时之间众说纷纭。该家电企业被取消中标资格这件事情发生在2020年的5月15日，可是直到6月底才被曝光。这里面原因不免让网友产生诸多怀疑。

7月3日，招标方在招标网发布了关于该家电企业负面行为处理结果的公告，直指该家电企业招标方在该年度中的某一个采购项目中存在虚假作假的情况，言辞非常严厉，不但取消了该家电企业的中标资格，还采用了"弄虚作假"等敏感字眼。这一消息非常损害该企业的品牌形象，必须作出回应与澄清。因此，该企业高管面对这个危机迅速发起危机处理行动，并同时迅速发起了反击。

7月4日，该企业发表声明称，此次废标事件是由于工作人员整理材料时疏忽大意，在材料前多加了一份未经修改完善的资料，这个漏洞之后被有关人员发现并且被利用。7月5日，该企业继续发表千字长文列举了同行竞争对手两种弄虚作假行为及招标方在之前的两次招标中让质量有问题的同行竞争对手产品中标。该企业表示已经多次向招标方反馈同行竞争对手的问题，并质疑竞争对手为什么能够在存在这么多的问题情况下屡次中标，并且是唯一中标。

该企业的两份声明目标直指同行竞争对手，这当然引起了竞争对手的回应。同行竞争对手随后发表声明称，清者自清，这是第一次，也是最后一次就此事发声，希望企业自律，行业公平竞争，健康发展。同行竞争对手的回应就比较耐人寻味了，而且给人的感觉也没有什么力度，完全就是一句套话。对于该企业声明中所提出来的这些问题，竞争对手根本没有作出任何有力的回应，一招也不接。

因此，对同行竞争对手到底在本次招标事件中是否存在猫腻的疑问，反而引发了更多网友们的好奇心。随着舆论的持续发酵，竞争对手也只好再一次作了回应，称该企业所提及的两个问题不属实，在招标过程中合法合规，并且招标方留存有相关的证据。可是究竟证据是什么，同行竞争对手并没有公开。招标方自始至终也没有公开。

实际上这并不是该企业和同行竞争对手第一次开撕。三年间，双方互相发起的诉讼案件超过了 10 起，显然也是为了争夺家电市场。在家电领域同行竞争对手所占的市场份额位居第一，该企业紧随其后。但是在具体细分领域，该企业在 2019 年以接近 15% 的市场占有率位居第一，实现国内市场的八连冠。

思考·讨论·训练：

1. 此次舆情危机具有哪些特点？企业应采取的应对处置原则是什么？

2. 面对此次危机，该家电企业为什么表现得如此"自信"，是如何处置该事件的？

3. 对事件的危机应对进行评价。

二、某企业招聘信息歧视风波事件

1.事件概述

2018 年 7 月，网上流传出一张某企业对产品运营人员的招聘要求截图。其中苛刻的条件：第一，不要简历丑的；第二，不要研究生博士生；第三，不要信中医的。引起大规模的网民对该公司及招聘信息的发布者的指责，认为其言论中的歧视行为涉嫌违反法律。

2.事件进程

针对网上流传出的图片，该企业试图将大事化小，但该处理方式让大众觉得其态度并不诚恳。随后该企业发出了对信息发布者发出违纪通报，并且立即辞退，对其不当言论指向的群体表示歉意的声明。

该信息发布者在受到辞职处分后，并不认为自己的言论有错，在微博上公开表明"只有带有歧视观点的人，才会认为别人是在歧视"，并承认是招聘条件是他的个人观点，不代表企业。

3.事件影响力

在这次的事件中，该企业作为一个提供大众服务的线上平台，提供服务的对象涉及范围广、数量大。很多网友表示该企业的招聘歧视让他们不愿意继续成为其忠实顾客。招聘信息的内容所涉及的人群也都对企业发起了质疑，部分求职者表示不愿意到该公司应聘，该企业也很有可能因为这则招聘导致企业人才的流失。总的看来，在这则招聘中公司本身的利益受到最大影响。但在事件发生后的两天几乎没有人再讨论，此次的事件仅在短时间内对该企业短期的企业形象造成困扰，对其长期的经营发展并不造成影响。

思考·讨论·训练：

1. 该企业面对的此次危机有哪些特点？

2. 该企业在危机的不同阶段采取了哪些应对措施？效果如何？

3. 该公司在处理此次歧视性招聘危机时有哪些地方可供借鉴？

新媒体时代企业危机管理所面临的问题与挑战

传播渠道的融合，对于企业危机管理的内容制作提出了更高的要求。新媒体文字、图像、声音等多媒体化成为一种趋势，不再是原有的报纸以传递文字信息为主，广播以传递声音信息为主，电视以传递图像信息为主的严格区分，内容是否丰富、新颖、独到、有趣等已成为新媒体之间竞争的焦点。首先，电子报纸、手机媒体、网络电视、移动电视、短视频等这些新媒体形式都有自己的内容要求，与传统媒体相比有很大差异，公关主体必须针对不同新媒体的特点制作出适合这些媒体传播的公关内容，以吸引公关目标受众；其次，对目标受众进行细分，与他们进行接触和互动，了解他们的兴趣和爱好，为不同的目标受众群制作出满足他们不同需要的传播内容，并在内容贴切、形式创新、渠道多样上更好地加以把握。

自媒体人群的口碑影响力不断加强，给公关传播带来了更多的不可控性。在利用传统媒体进行公关传播时，媒体的数量及信息发布模式较为固定，便于公关主体进行公关信息发布的内容及渠道的控制。但在新媒体时代，每个人都可以成为信息的发布者，特别是以公众号为代表的自媒体（自制造、自发布），以互联网为平台，吸引了一大批以观点发布、舆论跟进、是非评价、进展关注为目的的网民的积极参与和互动，其口碑影响力日渐扩大。当其传播的信息对公关主体有利时，自然具有宣传费用低、可信任度高、针对性强等优点，但其中常常充满着偏见、情绪化的言论，对公关主体不利，并且这种不利还会因其口碑影响力而被不断放大，对公关主体产生极其严重的负面影响。而这些自媒体信息对于公关主体而言属计划外信息，本身具有很强的不可控性。

信息发布的全时全球化，让负面信息传播速度更快。首先，新媒体的快速发展及融合使得媒体之间的竞争日趋激烈，为了争取"眼球"，媒体记者对爆炸性新闻孜孜以求，这使得埋藏在社会组织内部的危机隐患被触发的概率大大增加。其次，信息的自由发布也是负面信息快速传播的重要原因。新媒体的中心控制系统往往只能对由传统媒体发布的信息进行控制，但对普通受众在新媒体上自行发布的信息却缺乏"守门员""把关人"，特别是自媒体形式，由于其信息发布渠道的特殊性及强大的影响力，往往更容易产生负面信息，并形成"蝴蝶效应"使其快速传播，产生严重的负面影响。

总之，新媒体时代的来临改变了媒体的生态环境，媒体技术的革新及渠道融合已经成为当今媒体发展的显著特征和重要趋势。当下，无论是公关公司，还是社会组织的公关部，面对日新月异的新媒体发展现状及不断变化的公关受众群体，所需要的不仅是技术上的跟进与投入，更需要在传播态度、传播理念上予以足够的重视和突破，才能在复杂的传播环境中立于不败之地。

 课后练习

一、名词解释

网络舆情　网络舆情危机　网络谣言

二、简答题

1. 新时代的网络舆情有哪些特点？

2. 常见的网络舆情危机成因有哪些？

3. 网络舆情危机的特点是什么？

4. 简述网络谣言的特点。

5. 简述网络谣言的传播规律。

三、论述题

1. 论述网络舆情的内容形态。

2. 论述网络谣言的类型。

3. 从客观和主观两个方面分析网络谣言的成因。

4. 网络谣言对社会有哪些危害？

第十章　网络舆情危机的演化规律及应对措施

20××年8月22日，某报纸报道了某餐饮企业骨汤勾兑、产品不称重、偷吃等问题，引起社会轩然大波。

20××年8月22日15：02，该餐饮企业官网及官方微博发出《关于媒体报道事件的说明》，声明语气诚恳，承认勾兑事实及其他存在的问题，感谢媒体监督，并对勾兑问题进行客观澄清。用户基本接受该餐饮企业的态度。

20××年8月22日16：18，该餐饮企业官网及官方微博发出《关于食品添加剂公示备案情况的通报》，笔锋更加诚恳，"多年厚爱，诚惶诚恐"之类的词语都上了。

20××年8月23日12：00，该餐饮企业官网及官方微博发出《就顾客和媒体等各界关心问题的说明》，就勾兑问题及员工采访问题进行重点解释。

20××年8月23日20：00，该餐饮企业掌门人张先生发表一篇微博，个人认为尤为经典，在这里转载一下：

菜品不称重、偷吃等根源在流程落实不到位，我还要难过地告诉大家我从未真正杜绝这些现象。责任在管理，不在某家店，我不会因此次危机发生追查责任，我已派心理辅导师到涉事饭店以防该店员工压力太大。对饮料和白味汤底的合法性我给予充分保证，虽不敢承诺每一个单元的农产品都先检验再上桌，但责任一定该我承担。

此篇微博瞬间转发近4000次，评论1500次，在如今遇事自保，互相推诿，丢车保帅的职场中，张先生的敢担当，人情味十足。张先生的人格魅力化解掉此次事件80%的危机。

随后，该餐饮企业邀请媒体记者，全程记录骨汤勾兑过程，正面的视频、照片瞬间布满网络，事件就此暂时画上圆满句号。

第一节　网络舆情的演化阶段及特征

一、网络舆情的演化阶段

（一）刺激反应阶段

舆情的产生，往往源于外部事件的刺激，而网络舆情的产生则体现为民众通过网络这一平台，对外界的刺激性因子作出反应，进而表达自己的观点和诉求。在现实生活中，一些关系国家民族利益的热点事件、事关国计民生的热点话题、反映当前社会道德困惑的焦点问题都有可能扮演着外界刺激因子的角色，相关热点事件一经发生或是经由媒体、网站论坛报道渲染，就有可能引发网民关注。

（二）关注热议阶段

在网络热点雏形形成后，随着网民对事件的持续关注和情绪、意见的不断释放，大量与此相关联的信息得到补充和整合，从而吸引更多网民的关注，形成更深、更广的影响力。根据受关注程度的高低，这种"热况"有的持续时间较短，有的则要经历一个较长过程。在这一过程中，往往会出现好几种不同的观点，随着讨论的深入和事件真相的披露，最后会形成一种或几种占主导性的意见。到此为止，网络舆情才正式形成。

（三）涨落沉寂阶段

事物的发展规律总会经历一个由盛到衰的过程。网络舆情涨落、盛衰是客观刺激和主观心理活动作用下的结果。某一网络事件在经过一段时间的高度关注后，一般都会逐渐消退。当然有些影响较大的网络热点问题可能会在外界新的刺激因子的作用下，出现第二波、第三波热潮。但从总体上看，随着时间的推移、公众兴趣的转移以及利益问题得到妥善的解决，舆情空间就会由最初的不断扩展变为逐渐回缩，直至最后沉寂消失。

二、网络舆情发展过程中表现出的特征

（一）沉默螺旋

对于有争议的"议题"网络中存在的发布者和参与讨论者在事件发生后，通过各种媒介迅速发表主观观点和对事件的描述，进而促使其更容易成为事件舆论的主导者，因为早期的主导属性影响也会有很多持相同观点的人表示赞同，形成先入为主的态势，加速传播的趋势，并逐渐积累成为压倒性的强势发声优势。

这种情况一旦出现，具备优势的一方会越发活跃，而相对的另一方则会越发沉默。两种状态的不断加剧会使网络中整个事件的舆情发展呈现出一方表述、一方沉默的螺旋状过程，而这个过程也将积极和活跃的一方所代表的意见确立为舆论的主导意见。

（二）议程设置

表现为利用媒介为网络公众设置"议题"，即各类网络平台上的热门话题。这些"议题"会被网络公众迅速扩散和二次或多次传播，进而引发更多网络人群的关注与讨论，甚至成为人们在线下"茶余饭后"的谈资和讨论话题。

通过媒介推荐或暗示的形式为网络公众设置"议题"使传播内容迅速传播，便是大众传播的"议程设置"效果，影响网络公众对事件的判断，在现阶段也是网络舆情危机处理中发挥重要作用的一种理论。

（三）刻板印象

网络中对某制度或组织机构的部门存在着不满的言论，这些信息容易使网

络公众形成对目标对象的负面"刻板印象"，而它是人们通过整合相关信息和个人经验、主观判断形成的针对性认知模式，对某个社会群体或现象形成过度简单化和滞后现实变化的看法，是极其具有概括性的一种片面观点。

这种印象形成后会随着突发事件发展迅速成为反对、批评的推动力，但这股推动力量却无法解决事件中的现实问题，反而会造成事件和舆情的复杂化或负面态势的严重化。

（四）群体极化与协同过滤

在群体进行决策时会倾向于冒险或保守两者中的某一方面，但相对于个体决策会产生极端偏斜，进而产生背离最佳决策的结果。一般情况下群体决策会倾向于冒险的决策方向，因为人们下意识地会感觉到个人冒险所需要承担的风险相较于群体要大很多，而群体成员的冒险行为在个人立场和利益上风险也更小，但获得的利益由于各种因素的影响部分个体也会多于其他个体，所以，网络舆情危机中涉及部分个体利益时便会出现所谓的"意见领袖"提出极端化的意见，进而导致灾难性的后果。但往往此类提出意见的个体会为自身提前预留推脱或逃避责任的路径条件，而产生的后果将由其他追随者承担。

协同过滤简单的解释便是利用某种相同的兴趣和拥有共同经验的群体喜好，或是某种共同认可的利益，通过合作的机制给予网络舆论相当的赋能，如评论、赞同等，再将记录达到"过滤"的目的，形成替换其他网络公众筛选舆情的作用，而在有目的性的实践过程中，这种协同过滤行为又被分为评比和社会化过滤。例如电商平台根据用户的购买行为，以及其他人相似的购买行为，对这种具有相同行为特征的群体推荐群体中个体曾经购买过的商品。还有现今采用大数据推荐机制的资讯平台也会采用类似的算法向用户推荐信息，而网络舆情危机往往会因为某些目的性而模拟用户的兴趣和行为，进而将舆情信息推向更广泛的用户群体，使相关信息的传播更加迅猛。

（五）首因与规模效应

首因效应反映了人际传播中主体信息出现的次序对印象形成所产生的影响和作用，例如在人际交往中给人留下的"第一印象"会影响到未来交往过程中的某些判断和决策。而在大众传播中首因效应又被称作"第一印象作用"和"先入为主效应"，社会中的个体在认知事物的过程中通过第一印象所灌输的信息，会对其认知客体过程产生影响，且持续时长一般都会较长久，也会呈现出覆盖以后所得到信息的情况。所以在公共关系学中无论是舆情还是危机的应对首先强调了"第一时间"或"迅速"的原则，以此避免公众的误解或被有目的者利用的情况，也是为接下来的应对和处理作好基础性的铺垫。

规模效应本是经济学的研究课题，但在网络舆情传播中也呈现出明显的规模引导性和倾向性的表现，就如规模经济所表现出的特征，当生产规模达到一定程度之后各项生产要素的有机结合会衍生出"1+1>2"的效应。而在网络舆情传播和网络舆情危机应对中，规模效应所表现出的特征则是，由于舆情参与者中持某一观点的规模达到一定程度后会对后来者，以及事件实际情况产生十分强有力的推动或确立作用，甚至这种规模的影响力足够强时可以产生对权威发声的挑战，使后来者对权威发声产生一定程度的质疑。

三、网络舆情发展阶段形成的原因

（一）民主法治思想的发展，使民众"有话要说"意识增强

随着我国改革开放的深入和社会经济发展，人们受各种思潮影响的渠道明显增多，文化水平和思想素质不断提高，与之相伴的是他们的民主、法制意识不断增强，政治参与热情高涨。这些意识使得他们善于和勇于表达自己的个人诉求。

民主和法制是历史发展的必然，因此面对在这一背景下日益增多的"反对声音"，我们首先应该做到坦然面对。同时，也应该看到在当前的社会转型时期，社会生活发生着复杂而深刻的变化。面对层出不穷的新情况、新矛盾、新问题，人们有着千差万别的看法，正确与错误、进步与落后、积极与消极、清醒与困惑等相互交织，使得民众表达意见的诉求变得丰富而具体。

（二）网络媒体的高速发展，为民众提供多种"发声"平台

网络作为一种自由的信息平台，铲平了时空、技术的壁垒，而飞速发展网

络传播技术也彻底改变了传统信息的传播方式。网络技术的便捷性、网络使用群体的广泛性和网络传播途径的多样性使人们更愿意将网络作为舆情传播渠道。人们将手机视频、数码相机等便捷工具与微博、博客、播客等网络媒体相结合，实时向外发布最新情况，使得事件的发展、演变的每一个环节都经由网络主导、网民操作而不断向外蔓延扩散。

网络这种多渠道的信息传播方式，使得有关部门在网络舆情引导方式的选择上，"堵"往往不如"疏"。既然无法封死所有的网络宣泄渠道，那么不如主动应对，向外披露真实准确的信息，把握主动权。

（三）网络舆情参与主体的匿名性，催发了民众"有话敢说"

在网络世界中，网民的身份具有匿名性特征，这也是网络舆论主体较之传统舆论主体最为明显的特征。在这层虚拟外衣的保护下，大家发表意见有更大的自由度，几乎不必顾忌现实社会中的种种约束。应该看到，网络为人们提供了自由宽松的表达空间，舆论主体的匿名性也使得公众能够更为主动真实地进行意见表达，公众的知情权、参与权和表达权等权利都得到了不同程度的保护与提升。

但是，舆论主体的匿名性也使得网民在信息的发布与传播上过于随意，网络舆论的真实性无法保障，从一些别有用心的虚假信息中滋生出的恶性网络舆论不仅会危及现实社会，也极大地降低了网络媒体的公信力。但尽管如此，有关部门面对网上出现的舆情仍不能掉以轻心。当每一个网络舆情事件发生时，都应在第一时间对舆论的真假、倾向作出研判。从长远来看，更要从制度设计、工作体制上建立健全网络舆情的收集、分析、研判和处置。

第二节　网络舆情应对引导

一、网络舆情应对的基本原则

（一）注重规律

互联网舆情从形成到结束，处于不断的发展变化之中。在此过程中，互联网舆情也会遵循某些规律来运行，我们在进行处置时必须遵守这些规律。如应理解网络信息传播的运行机制，处理好"疏"与"堵"的关系，注重意见领袖、公众人物、传统媒体等的重要作用。通过对近年来互联网舆情的考察，我们发现，像潮水涨落一样，互联网舆情也会出现涨落，涨落规律可以说是互联网舆情变化的最基本规律。在涨落的过程中，互联网舆情的发展变化过程呈现出以下四种主要形态。

1. 倒"V"形或者单峰形

倒"V"形或单峰形可以说是互联网舆情发展变化过程中最简单的形态，即互联网舆情从形成至达到最高点后立即下落。倒"V"形的互联网舆情来得快，去得也快，持续时间往往只有几天甚至一两天。门户网站的头版新闻大多属于此类型，网民对这些新闻的关注持续时间不长，很可能第二天就会转移关注焦点。

2. 圆形

互联网舆情事件发生后，经过一系列发展变化而壮大，呈现逐步上升趋势。当上升到某一临界点，互联网舆情达到顶点。随后政府往往会出台一些举措对事件和存在的问题进行解决，或者对网民情绪进行疏导。但由于网民对事件仍保持着极高的关注度，这时候互联网舆情并不会呈现立即下落的趋势。社会矛盾的解决需要一段时间，人们的态度改变也需要一个过程，在经历一段时期后，随着问题解决和民众情绪疏导的效果显现，舆情开始逐渐下落，构成类似圆形的形态，呈现这一形态的互联网舆情多由一些重大突发事件引发。

3. 双峰形或者多峰形

与单峰形不同的是，双峰形或者多峰形的互联网舆情的最高点有两个或者多个。此类互联网舆情事件发生后，互联网舆情形成并逐步上升，达到第一个最高点，在经过一段时间后，舆论关注度开始下降，互联网舆情出现明显回落，但随着媒体对事件持续跟踪，如挖掘出更多相关信息或政府对事件进行处理，互联网舆论对该事件的关注度又重新提升，舆情再次攀升，从而形成两个或多个最高点。

4. 波浪形

波浪形的互联网舆情往往是长期性的社会现象或社会问题的舆情反映。只要该现象或社会问题持续存在，网民就会对其给予长期关注。互联网舆情会在不同因素的影响下或涨或落，原本呈现回落趋势的舆情可能死灰复燃，原本剧烈上升的舆情也可能逐步消解。在我国，由股市问题、房价问题、贫富差距等问题所引发的互联网舆情往往呈现出波浪形态。

（二）迅速反应

在新媒体时代，信息传播格局、社会舆论生态和公众参与方式已发生了深刻变化。近年来的很多网络舆情事件，都是由网民爆料引发，继而发酵扩散，再由传统媒体跟进，从网络舆论热点逐渐变为整个社会的舆论热点。在网络传播"一秒传千里"的效果下，如果说迅速反应是新闻从业者的生命线，那么就更是网络舆情工作者的重要原则。政府等部门必须及时对网上动态作出反应，才能牵引舆论走向，把握舆情处置话语权和主动权。

而反之如果一味躲闪，不予回应，不仅不会放慢消息在网上扩散传播的速度，反而容易引发公众焦虑，导致事态扩大。

（三）依法科学

我国制定了《中华人民共和国突发事件应对法》《国家突发公共事件总体应急预案》《中华人民共和国治安管理处罚法》《公安机关处置群体性治安事件规定》等政策法规，在对网络舆情进行处置时，应遵守相关法律规定，在客观全面还原事实的基础上，用证据和法律得出令人信服的公正结论。依法科学处置是我们不受媒体和舆论裹挟的根本依凭，彰显法制和公平公正是我们不被少数人制造的网络舆论假象所迷惑，避免为网络暴力所影响的正确方法。只有处置方式合法合规，在实际操作中才能避免引发舆情的二次危机，避免后顾之忧。

（四）不卑不亢

一方面，不慌不怕，不堵不纵。在舆情事件中，政府等部门往往处于"被围观"的境地，曝光于公众监督之下，此时如果慌张应对、主观武断、乱下结论，容易乱中出错，使舆论形势进一步恶化，给处置工作带来被动。坦然而镇静地面对现实，有助于理性把握舆情处置的主动权，合理化解舆情。同时，网络舆情往往"来势凶猛"，如果只以"灭火"心态一味封杀，可能引起舆论对真相的更积极追索，使简单问题复杂化，引发舆论危机。但面对舆论压力一味妥协退让，进行"断腕切割"，也并非永远明智的做法。这样可能损害自身形象和切身利益，甚至成为众矢之的，激起舆论更多的"拍砖"。

另一方面，敬畏民意，以人为本。网络舆情因人而产生，因人而传播，在网络舆论场里既要保持尊重的态度加强与网民的平等交流，也要在舆情处置时考虑民意的认可度与承受力，化解社会不满。这也表现在对舆论旋涡中的具体当事人的权益，应注重给予保障。

（五）职责明确

网络舆情事件的处置不但要快速，更要统一，以免造成民众不必要的误解。因此在进行舆情处置时，要明确各部门的职责权限、领导关系和责任，保证各部门之间的协调统一。对于不同类型的网络舆情，可能需要由不同层级、类型的指挥机构来统一指挥，因此应明确界定，根据网络舆情事件的类型、影响范围、危害程度、表现形式等因素，确定指挥部门的级别层次和专业性能，规定需要动员的人员范围，制定处理原则和职责，在统一指挥下反应灵敏、协调有序、机动高效地开展处置工作。

二、网络舆情应对的技巧

（一）发声技巧：快报事实，慎讲原因

所谓"快报事实，慎讲原因"，首先强调了快，要迅速发声，不能迟疑和怠慢，做到"第一时间"作"第一定义者"。

其次说明了报的内容——事实，由于时间紧迫，很多细节和原因尚不明晰，面对敏感而情绪激动的公众，必须要谨慎，尽量描述事实，公布确切的内容，不要匆忙宣布未经核实的内容，不要将还在调查阶段的情况随意定性，不要用猜测和模糊的口吻说明原因。

在发声过程中，要追求时间及时，不要试图一次性把事情说清楚，要随着事件进展和处理进程循序渐进地说。在整个过程中，要注意前后口径一致，不要自相矛盾；要切中公众关心的重点，切忌拖沓啰嗦；要注意遣词造句，并配合以恰当的情感表达。

（二）沟通技巧：以情动人，以诚感人

传播理论中对于说服研究效果有关于"诉诸理性"和"诉诸感情"说服效果的对比，虽未有一致的结论，但不少宣传实验充分肯定了"通过营造某种气氛或使用感情色彩强烈的言辞来感染对方"的方法对传播效果的积极影响。

面对网络舆情事件，公众一般都较为情绪化，容易被煽动和激怒，同时也容易被感动。舆情客体如果仅仅是作出直白冰冷的解释，对事实进行理性阐述，很可能不会较快收到受众积极的反馈，对网络舆情的引导效果甚微。如果表达中赋予感情，诚恳表达出歉意、同情、伤感和后悔等，则能够在一定程度上缓解公众情绪，博得公众好感；若再配以富于细节的温情片段，则能潜移默化地感染受众，可以有效地转移公众的注意，再引导舆情便水到渠成了。

（三）媒体利用技巧：设置网络议程

大众媒体在网络舆情主客体间起着重要的桥梁作用，善用、善待媒体是网络舆情应对过程中非常重要的一点。在舆情事件发生后，如何利用好大众媒体，设置网络环境中的公众议程，也就是公众主要关注讨论的重点和方向，将对引导网络舆情起到至关重要的促进作用。

在舆情事件发生后，首先，要给媒体及时提供准确、翔实的信息，以开放且友好的态度对待媒体，发出客观的信息和权威的声音，从而通过媒体将公众的关注和讨论的重点集中在官方信息上。

其次，要主动策划相关活动，组织媒体进行采访报道，如举办新闻发布会、带领媒体参观现场等，从而通过媒体的大量报道引导网络话题的走势。

最后，通过媒体的角度进行舆论引导，从而引领网络舆情朝着和谐稳定的方向靠拢。

（四）谣言控制技巧：斩断源头，依法惩处

谣言传播如同信息传播一样，先从传播源通过传播介质被部分受众接收，

再被这部分受众进行"二级传播"传给更多受众，互联网加剧了这个传播过程。要想控制谣言，从过程中着手是非常困难的，工作量大且无从下手，因而要斩断谣言的源头，从原点切除谣言。同时，要对谣言的散布者依法进行严厉的惩处，以起到广泛的警示作用。

（五）观点引导技巧：团结和培养意见领袖

网络意见领袖与现实意见领袖具有一定的重合度，很多现实生活中的名人和行业精英同时也是网络中备受关注的网络红人。此外，网络本身也孕育出一大批草根偶像，其言行、意见受到网民的欢迎和追捧，具有比肩名人的网络影响力。

在网络舆情的引导中，如果能够利用意见领袖的影响力，将会在观点和意见引导中事半功倍。在公众的感知中，网络意见领袖的立场较为中立客观，并且更值得信赖，尤其是草根意见领袖很容易让受众产生亲近感和共鸣。因而要尽可能团结和培养与舆情事件相关的意见领袖，借他们之口加快正面信息的传播速度，影响公众的情绪和态度转变。

三、网络舆情的应对处置机制建设

（一）加强对网络舆情的监测工作

对舆情信息的监测与分析，必须浏览和查找海量的网络信息，包括网络新闻报道、相关评论、网络论坛等，从这些信息中提取与事件相关的舆情信息并进行分析。互联网舆情信息种类繁多、信息量大，更新快、传播迅速且广泛，仅仅依靠人工值守监测，劳力成本高，效率相对低下，难以及时有效收集与监测舆情信息。这就需要依托于信息技术手段进行收集和分析。

网络舆情采集监测范围包括新闻网站、贴吧、论坛、博客、社交网站、微博客、微信、音视频网站等。现有的网上信息技术手段主要是结合网站应用程序接口采集和网页采集的方式，从网上自动获取页面信息。对收集到的信息要进行预处理，如格式转换、数据清理、数据统计。对于新闻评论，需要滤除无关信息，保存新闻的标题、出处、发布时间、内容、点击次数、评论人、评论内容、评论数量等。对于论坛 BBS，需要记录帖子的标题、发言人、发布时间、内容、回帖内容、回帖数量等，最后形成格式化信息。通过上述方式做好对网络舆情的监测工作，从而为下一步开展网络舆情评估做好准备。

（二）建立科学的网络舆情评估研判体系

通过对采集到的公开通道和非公开通道的舆情数据进行综合分析，构建完整的指标体系指导网络舆情监控，通过指标的反馈明确网络舆情信息采集的来源、范围和方向；以舆情指标为基础建立态势分析模型模拟舆情发展趋势，对区域性、行业性、全国性突发事件和敏感事件进行态势分析。

通过统计学方法对定量指标进行分析，得到相应的数值，能够较清楚地反映某一时间段内的网络舆情状态，如热点事件、敏感事件和事件发展态势等，但都只是客观反映网络舆情状况。网络舆情的主体是网民，网民对待某一事件的态度和网上各类信息内容本身反映的情感信息还不能了解。这就需要我们除了定量指标之外，还应建立定性指标，用于了解网民的情感态度和网上内容（文章、帖子）等的情感特征。如心理特征指标（通常对一篇文章持什么意见，包括不活跃、活跃、从众/中庸、情感强烈、反对、支持等），态度倾向性指标（态度是正面、负面还是中立）等。然后通过对网上内容中表示情感的特定词汇进行预先分析处理，对评论中涉及的情感词汇进行统计，从而得到评论的正负取向。还可以基于自然语言的处理技术，对网上的内容进行语言学分析（语义分析），同时将分析结果与特定表达情感趋向的模板进行比较，从而判断出语义的趋向。如目前一些舆情分析软件可在短时间内阅读数篇文章，自动分析新闻网站等媒介发表文章所持的基本观点倾向。

（三）建设网络舆情预警的技术手段和业务体系

无论是网络舆情信息的采集和分析，还是对根据分析结果通过构建指标体系对网络舆情进行评估，最终目的是要对网络舆情作出预警，及时布置、防风险于未然，打信息安全的主动仗。随着互联网的迅猛发展，网民直接通过网络表达利益诉求成为一种普遍的方式。为了及时、有效地发现苗头性、倾向性信息，维护社会稳定，有必要在网络舆情获取和分析的基础上实现网络舆情的预警，对不同通道、不同信息源上表现出来的网络舆情进行快速反应、科学预测和动态预警。

目前，实现网络预警主要是通过建立案例知识库、人物库、敏感词库等知识库，根据以往突发事件的发生态势，结合舆情指标体系及舆情态势分析结果，建立舆情预警业务模型。通过专家互动平台，对区域性、行业性、全国性突发事件、敏感事件进行预警，并提供给上级监控单位和地方相关部门。

（四）制定网络舆情应对处置预案

网络舆情事件处置预案是针对需要进行处置的网络舆情事件制定的预案。通常预案应该是一个体系，不但有一般情况下的预案，还要有针对不同事件类型和发展模式的各类典型预案，如周期性网络舆情事件处置预案、自然灾害类网络舆情事件处置预案等。在实际工作中，还应构建网络舆情事件应对处置的领导机构和专家咨询队伍。同时，还应完善网络舆情事件处置管理法制框架，使网络舆情事件的应急处置更加制度化和法治化。

参考《国家突发公共事件总体应急预案》，一般预案的内容包括总则、组织体系、运行机制、应急保障、监督管理等。结合网络舆情事件处置的特点，一般网络舆情事件处置预案可包括六部分内容：概况、预测预警、处置响应、恢复观察、处置保障、培训评估。

1. 概况

概况部分可通过分析相关网络舆情事件的特性，制定事件处置的方针、原则、目的、适用范围等，同时针对事件的严重程度和影响范围确定事件的分级，从而针对不同的情况分级启动预案，确定相应的处置领导机构，落实领导责任，采取相应的应对方式和手段。

2. 预测预警

通过预测预警，可对潜在或可能事件采取预防和控制措施或发布预警信息。预测预警体系应结合以往经验和事件特点进行，并建立预警专家咨询队伍。网络舆情事件的预测预警是一项综合性工作，绝不是一个计算机系统或者一套人马就能实现的。它既要求有严密的网上监测系统，也需组织、人员、制度等保障。

我国在国防、消防、卫生等领域已建立了预警组织体系，建立网络舆情事件预警组织体系要建立各相关职能部门参与的横向体系，形成不同机构间的信息共享；同时，还应建立各级相关职能部门的从中央到基层的纵向体系。

3. 处置响应

建立预案的分级响应机制，在预案启动时，保证各机构人员明确自身职责，哪些部门负责协调，哪些部门负责现场的哪些任务以及各个部门之间的关系等都应有明确的规定。明确预案实施的流程和步骤，快速采取相应的处置手段，同时明确处置预案实施结束的标志。在处置响应中，要建立有力的协调机制，做到统一指挥、分工协作，并实现信息共通共用。更为重要的是，处置响应中使用的处置手段和方法应是法律法规授权的结果，否则将给实践操作带来缺乏法律依据的不便。

4. 恢复观察

在实施处置后，舆情事件将逐渐衰退，但由于网络舆情存在随机性、传染性等不易预测的特性，在事件趋于平稳后不能立即终止预案，应经过一个相对更长时间的观察，以防事件出现突然激化或向其他方向转化。同时，应及时调查、总结舆情事件中反映出来的更深层次的问题，力求加以解决。这样才能从根源上防止类似的事件再次发生，达到舆情事件处置的更高要求和最终目标。

5. 处置保障

虽然网络舆情事件的发生发展场所主要是在虚拟的互联网空间，但在处置中必然与现实空间发生关联，必须建立必要的保障措施，包括物资、通信、基础设施、技术等多个方面，涉及多个部门的时候也要注意协调相关关系。同时，还应针对事件的发展，对易出现问题的地方予以评估并给予重视，建立互助保障机制。

6. 培训评估

预案制定后必须进行培训甚至演练，加强相关机构和人员的学习贯彻，才能保障预案的快速有效实施。培训应该有一个具体的、可操作的方案，绝不能是走过场。同时，处置预案应一直通过评估、修订，处在不断完善、与时俱进的过程中。在预案实施前对其进行评估，可从预案编制原则、构成要素等方面进行，评价预案制定的科学性、内容的完备性等；在预案实施后对其进行评估，可以根据实施情况了解预案编制的合理性和可操作性，评价预案实施的效果。预案的评估应建立综合、客观、科学的指标体系，同时根据评估应认真对预案进行修订，并加以培训。

（五）构建联动应急机制应对网络舆情事件

随着互联网的迅猛发展，多数网络舆情事件的应对与处置都不是哪一个部门单独可以完成的。尤其在突发网络舆情事件和重大网络舆情保障任务中，更需要多个部门协调配合，建立包括监测发现、研判分析、技术管控、舆论引导在内的完善的应急处置机制，才能妥善应对各类网络舆情事件。

在日常网络舆情事件处置过程中，目前已初步形成以宣传、工信、公安为主的协调处置机制。针对网上突发事件，各部门加强日常网络舆情监测，将监测到的有害信息汇总，由相关部门进行研判分析。根据研判结果，对于网上有害信息，采取管理措施；对于屡屡大量传播有害信息的网站，有关部门依法予以关闭。网信部门负责网上舆论的引导。上述协调处置机制已日趋常态化，成为处理日常网络信息安全事件的有效手段。

在重大突发网络舆情事件中，由于涉及部门多，影响范围广，时效性强，日常协调处置机制难以应对，则需要建立由更多部门参与、时效性更强的应急处置工作机制。如在发生一些特大公共安全事件后，公安、消防、交通、安全、宣传、卫生等多个部门往往会迅速成立联合工作小组，建立信息共享、联合研判、及时处置的工作机制。第一时间将各部门掌握的信息汇总，集中研判后作出处置措施。通过上述工作，分析事件对网络舆情的影响，针对不同情况制定应急处置预案，妥善应对网络舆情变化。

第三节　实务演练

一、案例分析：某娱乐公司被侵权事件

2021 年 5 月 12 日，抖音博主李女士通过自己的账号"可可豆"发布了一则道歉声明。2020 年 12 月 25 日，她拍摄并上传了一段宠物舔自己腿的视频，

配乐是某娱乐公司的广告音乐，并配文"你喜爱的感觉"；随后被该娱乐公司起诉侵权，法院认为她的视频内容指向明确，带有明显贬损侮辱原告公司的表意，最终判其道歉并赔偿人民币5万元。

在致歉声明中，李女士表示，其本人完全服从法院判决，并就因其本人过错损害该公司名誉向其致以诚挚歉意，同时将引以为戒，避免此类事件再次发生。

5月14日凌晨，某视频平台结合事件发布了李女士的受访视频，进行新闻报道。经过一夜的沉寂后，更多的媒体对报道进行了转载，舆情热度骤升。李女士在访问中表示：自己纯粹就是拍着好玩，没有想诋毁他们的意思，但在收到法院通知后也积极配合应诉了，与对方律师协商后才按要求发布的道歉声明，自己也因此遭到了一些私信辱骂。而对于该娱乐公司，李女士称："后续沟通他们其实也挺好的，考虑到我身体不好的原因，加上没有工作，说让我少赔一点"，但同时，李女士还表示，自己其实觉得道歉就可以了，是真的拿不出这些钱，对方是个大公司而她只是个人，讲不过就只能吃哑巴亏了。

思考·讨论·训练：

1. "被侵权"事件给该娱乐公司的经营带来了哪些冲击？该娱乐公司采取的应对措施效果如何？

2. 该娱乐公司发生类似事件的原因是什么？如何避免此类危机的发生？

3. 该事件对于该娱乐公司的危机应对带来哪些启示？

二、技能训练：某企业乘客受伤事件

2022年1月21日，新浪微博网友发文称，其姐姐吴女士于2022年1月6日在某市租用某搬家公司的货车预约搬家，搬家途中突然跳车，最后导致脚踝受伤。该网友提到，该搬家司机途中私自偏离规划路线。而作为家属，其向平台方要求查看当时车内录音录像等资料时，但该平台的工作人员则表示车内无任何录音录像设备。

1月8日，该搬家公司官方微博作出回应，称目前警方对该事件的调查仍在继续，尚未形成定性结论，对于在该事件中平台应当承担的责任，不会逃避。

1月10日公司再次作出了回应：关于事件的处理，该公司表示，事件处置专项小组与吴女士家属沟通，于1月9日下午取得家属的谅解，并将与家属一起妥善处置善后事宜。

关于公司平台的问题，该搬家公司表示，平台存在以下问题：第一，安全预警缺失，1月8日平台才从警方得知此事，对此异常事件未能第一时间觉察；第二，产品安全功能不完善，在跟车订单的行程录音等问题上存在关键缺失。

关于公司未来的整改作出以下表示，在跟车订单场景中，将上线强制全程录音功能。此外，针对逾期未完成订单上线预警系统，发出预警后由安全部门及时核查和跟进处理，以消除安全隐患。

1月26日，当地公安分局通报称，当事司机为节省时间并抢接下一单业务，更改了行车路线。对两次提出偏航提醒，起先未搭理，后用恶劣语气表达不满；随后货主又两次提出车辆偏航并要求停车，当事司机未予理睬，亦未制止货主的跳车行为。1月28日，当地检察机关批准逮捕当事司机。

对此，该搬家公司相关工作人员回应媒体称，他们已注意到当地警方的情况通报以及案件的最新进展，正在持续配合司法机构对此事进一步调查取证。

前述工作人员表示，他们再次为这次的不幸事件致歉，当前公司正在全力推进各项安全整改工作，相关进展他们会及时向大家公布。

2月3日，公司官方微信号公布了整改进度。其称，截至目前，部分产品功能已优化上线，其他整改措施也正在按计划稳步推进。

具体为，2月8日，该公司搬家/跟车订单上线了行程录音功能、承载录像和信息采集功能的智能行驶记录仪，已开始在事发地装车进行产品验证，试运行和优化后将逐步向全国推广。

2月20日，公司官方微信公众号上发布关于坠车事件的整改和反思，表示："继2月8日上线行程录音、开始安装智能行驶记录仪后，我们正式上线行程位置保护、升级逾期订单预警和安全中心功能，截至目前公司向社会承诺的安全整改措施已全部落地。"

三、实训步骤

（1）通过查询该事件的相关资料，了解事件的起因、发展过程、结果，完成事件概述。

（2）采用时间轴的方式梳理事件的演化过程。

（3）通过背景资料，明确相关企业在面对危机时所做的措施。

（4）对企业的危机公关效果进行分析。

（5）企业应对处置事件带来的启示。

（6）企业应对网络危机的策略（承担责任、真诚沟通、速度第一、系统运行、权威证实）。

四、实训要求

（1）撰写企业网络舆情分析报告。

（2）实训分小组进行，根据班级人数，每组 4~6 人。

（3）各小组派代表上台汇报，接受同学质询。

（4）每组派一名代表担任评委。

（5）老师对各小组的企业网络舆情分析报告及汇报过程进行评价，指出存在的问题。

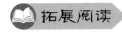 拓展阅读

系统学习企业危机管理策略，建立危机事件应对机制

面对不同程度的危机事件我们开出了不同的药方应对，但是仅仅是头疼医头脚疼医脚还是不够的，作为一家企业，应该建立长效的预防和管理机制，系统地学习危机管理策略，建立危机事件应对机制，这样就能更加有效地预防危机事件的发生，下面我们看一下如何正确制定危机管理策略。

1. 高度重视危机管理

目前很多出现了公关危机的企业并没有把该事情当作重要的问题，最终导致事件影响与危害不断蔓延，其实正确的做法是无论事件大小都要高度重视，放在战略的高度来谨慎对待，具体处理方式要具有整体性、系统性、全面性和连续性。危机发生后企业全员参与其中，由高层领导亲自颁布或带头执行，以确保执行的有效性。

2. 追踪问题本质与根源

很多企业危机管理处理不力的原因多是只看到了表面现象，没有解决根源问题。正确的做法是面对危机管理时应该先客观全面地了解整个事件，观察核心关键问题及根源，研读相关法规与规定，把问题完全参透，或聘请专业公司把脉支招。

3. 对危机管理的快速反应

危机管理对企业的名誉和品牌会产生非常严重的影响，不言而喻。所以速度是危机管理中的第一原则，否则会错过最佳处理时机，导致事件不断扩大与蔓延。

4. 负责任的态度

事件发生后第一时间把所有质疑的声音与责任都承接下来，态度坚决。拿出负责任的态度与事实行动迅速对事件作出处理。其实很多危机事件发生后媒体与消费者甚至是受害者更在意的是责任人的态度。

5. 沟通

沟通是应对危机管理的必要的工作之一。首先要与企业全员进行沟通，让大家了解事件细节，以便配合进行危机管理活动，而后立即主动联系受害者，以平息其不满的情绪。其次与媒体进行沟通，第一时间向媒体提供真实的事件情况及随时提供事件发展情况，避免负面猜测，出现真空期，为对手恶意竞争提供机会。再次就是与政府的相关部门进行沟通，得到政府的支持或谅解，对控制事态发展有很大的帮助。最后要对企业的合作伙伴如供应商、经销商等进行沟通，以免引起误解及不必要的恐慌。

6. 权威部门的话语权

一旦出现了危机公关，有的企业会立即与客户发生矛盾，进行"口水仗"，导致事件的扩大，拓展到企业诚信问题，社会责任问题等方面。正确的态度是树立一个积极的态度配合调查，理性对待媒体及公众的质问，联系第三方权威部门介入，把话语权留给权威部门，而后用事实来证明，在稳定了公众情绪后借助媒体与相关部门进行危机管理。

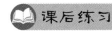 课后练习

一、简答题

1.简述网络舆情的演化阶段。

2.网络舆情发展过程中显现出哪些特征？

3.简述网络舆情应对的基本原则。

4.网络舆情应对处置预案一般包括哪些内容？

二、论述题

1.网络舆情发展阶段形成的原因是什么？

2.论述网络舆情应对的技巧有哪些？

3.如何完善网络舆情的应对处置机制？

参考文献

［1］曹静，杨佳茵，刘家国．航运企业危机预警的多指标可拓评估［J］．大连海事大学学报，2016，42（3）：70-76.

［2］畅铁民．企业危机管理［M］．北京：科学出版社，2004.

［3］杜术霞．基于企业危机预警的竞争情报流程研究［J］．图书馆学研究，2012（16）：64-69.

［4］贺正楚．论企业危机管理系统的构建［J］．系统工程，2003，21（3）：34-39.

［5］胡钰．大众传播效果［M］．北京：新华出版社，2000.

［6］黄越，杨乃定．基于BSC的高新技术企业危机预警模型研究［J］．科技管理研究，2010，30（14）：254-257.

［7］刘恒江，陈继祥．战略环境分析和危机预警研究［J］．上海管理科学，2003（4）：47-49.

［8］罗伯特·希斯．危机管理［M］．北京：中信出版社，2004.

［9］迈克尔·里杰斯特．危机公关［M］．上海：复旦大学出版社，1995.

［10］任华，徐续松．企业危机管理的预警系统［J］．武汉理工大学学报（信息与管理工程版），2003（6）：153-157.

［11］王晓惠，成志强．面向企业危机预警的反竞争情报需求分析［J］．情报科学，2017，35（1）：47-50.

［12］向荣．企业危机管理［M］．北京：电子工业出版社，2016.

［13］肖鹏军．公共危机管理导论［M］．北京：中国人民大学出版社，2006.

［14］叶海卡·德罗尔．逆境中的政策制定［M］．北京：国家行政学院出版社，2009.

［15］张成福.公共危机管理：全面整合的模式与中国的战略选择［J］.中国行政管理，2003（7）：8.

［16］张炜伟.情绪、任务自我关联度对危机决策的影响［D］.济南：山东师范大学，2011.

［17］张晓慧，等.企业危机公关［M］.南京：南京大学出版社，2018.

［18］张岩松.企业危机管理：理论·案例·实训［M］.北京：清华大学出版社，2017.

［19］周春生.企业风险与危机管理［M］.北京：北京大学出版社，2015.

［20］朱怀意，高涌.核心能力战略危机预警系统设计原理与方法［J］.软科学，2002（5）：13-16.

［21］Altman, E.I. Financial Ratios, Discriminant Analysis and the Prediction of Corporate Bankruptcy［J］. Journal of Finance, 1968: 189-209.

［22］Bain, J.S. Industrial Organization［M］. New York: John Wiley, 1959.

［23］Bland M. Communication out of a Crisis［M］. London: Macmillan Press Ltd, 1998.

［24］Bless H., Clore G.L., Schwarz N., et al. Mood and the Use of Scripts: Does Happy Mood Make People Really Mindless?［J］. Journal of Personality and Social Psychology, 1996, 71: 665-679.

［25］Caplan, G. Principles of Preventive Psychiatry［M］. New York: Basic Books, 1964.

［26］Clark W.R. Agents and Structures: Two Views of Preferences, Two Views of Institutions［J］. International Studies Quarterly, 1998, 42（2）: 245.

［27］Curley S.P., Yates J.F., Abrams R.A. Psychological Sources of Ambiguity Avoidance［J］. Organizational Behavior and Human Decision Processes, 1986, 38: 230-256.

［28］Ellis, A., Harper, R. A New Guide to Rational Living［M］. Englewood Cliffs, NJ: Prentice-Hall, 1975.

［29］Fink.S. Crisis Management: Planning for the Invisible［M］. New York: American Management Association, 1986.

［30］Foster J.B. Ecology Against Capitalism［M］. New York: Monthly Review Press, 2002.

［31］Green P.S. Reputation Risk Management［M］. London: Pitman/Financial Times, 1992.

［32］Heck J.P. Comments on "The Zeebrugge Ferry Disaster".In: Rosenthal, U., Pijnenburg, B.(eds). Crisis Management and Decision Making［M］. Dordrecht: Kluwer, 1991.

［33］Isen, A M., Nygren, T.E. Ashby, F.G. Influence of Positive Affect on the Subjective Utility of Gains and Losses: It is Just not Worth the Risk［J］. Journal of Peronality and Social Psychology, 1988, 55（5）: 710–717.

［34］Isen, A.M., Patrick, R. The Effects of Positive Feelings on Risk Taking: When the Chips are Down［J］. Organizational Behavior and Human Performance, 1983, 31（2）: 194–202.

［35］Johnson, E.J., Tversky, A. Affect, Generalization and the Perception of Risk ［J］. Journal of Personality & Social Psychology, 1983, 45: 20–31.

［36］Kahneman, D., Klein, G. Conditions for Intuitive Expertise: A Failure to Disagree［J］. American Psychologist, 2009, 64: 515–526.

［37］Lee A., Stemthal B. The Effects of Positive Mood on Memory［J］. Journal of Consumer Research, 1999, 26: 115–127.

［38］Lerner J.S., Goldberg J.H., Tetlock P.E. Sober Second Thought: The Effects of Accountability, Anger and Authoritarianism on Attributions of Responsibility［J］. Personality and Social Psychology Bulletin, 1998, 24（6）: 563–574.

［39］Lindblom.C.E. The Science of "Mudding Through"［J］. Public Administration Review, 1959, 19（2）: 79–88.

［40］Loewenstein G. F., Weber E. U., Hsee C. K., Welch, N. Risk as Feelings［J］. Psychological Bulletin, 2001, 127（2）: 267–286.

［41］Mellers B.A., Schwartz A., Ho K., Ritov I. Emotion–Based Choice［J］. Journal of Experimental Psychology, 1999, 128: 332–345.

［42］Mitroff. I.I. Pearson, C.M. Crisis Management: A Diagnostic Guide for

Improving Your Organization's Crisis- Preparedness [M] . San Francisco, CA: Jossey-Bass, 1993.

[43] Rosenthal U., Charles M. T. Coping With Crises: The Management of Disasters, Riots and Terrorism [M] . Springfield: Charles C. Thomas, 1989.

[44] Rosenthal U., Pijnenburg B. Crisis Management and Decision Making: Simulation Oriented Scenarios [M] . Norwell: Kluwer Academic, 1991.

[45] Schwarz, N., Clore, G.L. Mood, Misattribution and Judgments of Well-being: Informative and Directive Functions of Affective States [J] . Journal of Personality & Social Psychology, 1983，45：513-523.

[46] Simonson I. Choice Based on Reasons: The Case of Attraction and Compromise Effects [J] . Journal of Consumer Research, 1989, 16: 158-174.

[47] Tetlock P.E. Accountability and the Complexity of Thought [J] . Journal of Personality and Social Psychology, 1983（4）: 285-292.

[48] Tversky A, Kahneman D. The Framing of Decisions and the Psychology of Choice [J] . Science, 1981，211（1）: 453-454.